MINISTÈRE DE L'INTÉRIEUR

DES
CHEMINS DE FER
INDUSTRIELS

PAR

LÉON CHOPPARD

DOCTEUR EN DROIT
AVOCAT A LA COUR DE PARIS

PARIS

BERGER-LEVRAULT ET Cⁱᵉ, LIBRAIRES-ÉDITEURS

5, RUE DES BEAUX-ARTS, 5

MÊME MAISON A NANCY

1880

DES

CHEMINS DE FER INDUSTRIELS

DU MÊME AUTEUR

Étude sur la responsabilité des communes, dans le droit ancien et moderne, et en particulier sur la loi du 10 vendémiaire an IV. 1 vol. gr. in-8°. 1874. Marchal, Billard et Cⁱᵉ, édit.

De la Responsabilité des fondateurs et administrateurs de sociétés anonymes, aux termes de l'article 42 de la loi du 24 juillet 1867. Broch. in-8°. 1878. Cotillon.

Du Déclassement des routes départementales. Broch. in-8°. 1878. Cotillon.

De la Propriété des alluvions artificielles. Broch. in-8°. 1880. Cotillon.

DES

CHEMINS DE FER

INDUSTRIELS

PAR

LÉON CHOPPARD

DOCTEUR EN DROIT

AVOCAT A LA COUR DE PARIS

(Extrait de la REVUE GÉNÉRALE D'ADMINISTRATION.)

PARIS

BERGER-LEVRAULT ET Cie, LIBRAIRES-ÉDITEURS

5, RUE DES BEAUX-ARTS, 5

MÊME MAISON A NANCY

1880

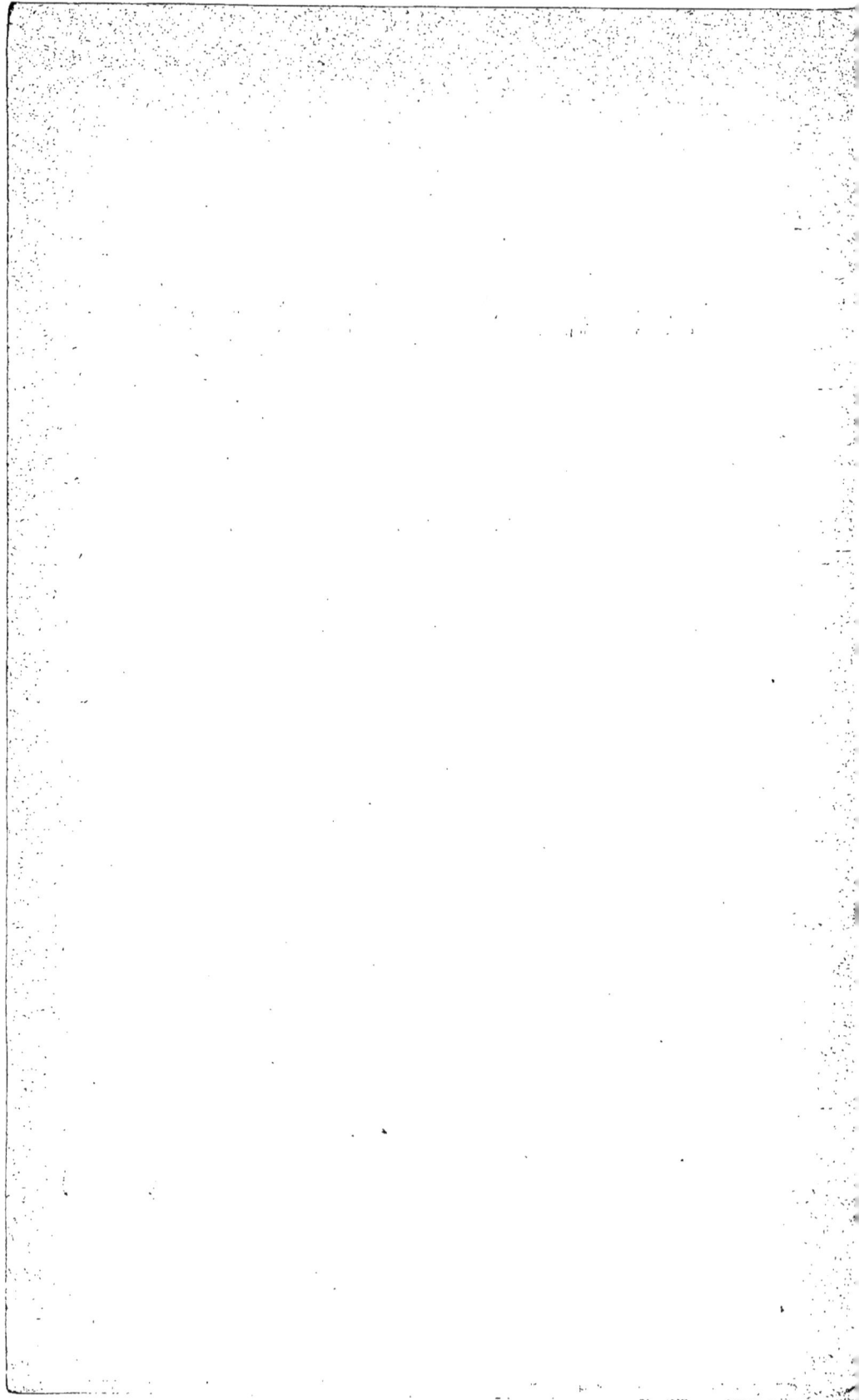

DES

CHEMINS DE FER INDUSTRIELS

1. — Pour répondre aux besoins du commerce et aux vœux des populations, une grande impulsion a été donnée, dans ces dernières années, à l'industrie des chemins de fer. Les grandes lignes d'intérêt général ont été complétées. Des lignes secondaires, dites *chemins de fer d'intérêt local*, ont été construites pour desservir les localités de moindre importance et les mettre en communication avec les grandes lignes. Enfin, des voies ferrées, connues sous le nom de *tramways*, ont été établies dans l'intérieur des villes et sur le sol des routes.

A côté de ces diverses catégories de chemins de fer, toutes destinées à satisfaire aux besoins de la circulation publique tant pour le transport des voyageurs que pour le transport des marchandises, il existe une autre catégorie de voies ferrées, établies dans un intérêt particulier et qui, pour être plus modestes, n'en sont pas moins appelées à contribuer, dans une large mesure, au développement de l'industrie nationale.

Ce sont les *chemins de fer industriels*.

2. — Le chemin de fer est, en effet, pour l'industrie, un puissant auxiliaire. Les industriels ont compris de bonne heure tous les avantages qu'ils pouvaient tirer d'un système de transport aussi économique, et ils n'ont pas hésité à l'appliquer toutes les fois que l'a permis la nature de leur exploitation. C'est ainsi que des chemins de fer ont été établis pour desservir des mines, des carrières, des usines, des entrepôts, des industries agricoles ou manufacturières. Ils sont surtout destinés à relier aux grandes voies de communication ces divers établissements pour lesquels, en présence de la prodigieuse extension du mouvement commercial, la facilité et la rapidité des transports sont devenues un élément de prospérité, quand elles ne sont pas le plus souvent une condition d'existence.

Cela est surtout vrai pour les mines de houille. Est-il besoin de rappeler que les premiers chemins de fer qui furent construits en

France et en Angleterre ont été établis pour relier des centres de production houillers à des voies navigables [1] ?

Aujourd'hui, toute mine qui n'aboutit pas à une voie navigable ou à une ligne de chemins de fer a nécessairement besoin d'une voie ferrée pour y transporter ses produits ; sans quoi son exploitation se trouve arrêtée par l'insuffisance des moyens de transport par voie de terre, par les frais énormes qu'ils occasionnent et souvent par l'impossibilité, avec ces seuls moyens, de faire face aux besoins toujours croissants de la consommation et de lutter contre la concurrence étrangère. La question des voies de communication est devenue une question vitale pour l'industrie houillère et il est vrai de dire, en s'inspirant d'un vieil adage agricole : *Tant valent les chemins, tant valent les mines.*

3. — Pour montrer l'intérêt de cette question, nous ne pouvons mieux faire que de donner un aperçu de la situation actuelle des houillères françaises.

Nos grands centres houillers sont bien connus. Est-il besoin de rappeler Anzin, Aniches, Azincourt, Denain, Lens, Somains, Béthune, dans les départements du Nord et du Pas-de-Calais ; Alais, la Grand'Combe et Bessèges, dans le Gard ; Aubin et Decazeville, dans l'Aveyron ; Saint-Étienne et Rive-de-Gier, dans la Loire ; Le Creusot, Blanzy, Épinac, dans Saône-et-Loire ; Montluçon et Commentry, dans l'Allier ?

Tous ces gisements composent un ensemble d'environ trois cents mines, qui ont produit, en 1876, une quantité de houille équivalente à 17 millions de tonnes de 1,000 kilogrammes.

Plus de 100,000 travailleurs sont à l'œuvre dans ces dédales souterrains ; et il y a, en outre, sur toutes les mines réunies, un millier de machines à vapeur d'une force totale de 50,000 chevaux. Ces machines aident à l'entrée et à la sortie des hommes, et elles extraient d'une profondeur qui, dans certains cas, dépasse 600 mètres, la houille, les eaux, les déblais.

Tel est l'état actuel des houillères françaises, qui ont exigé pour leur mise en valeur l'immobilisation d'un capital de plus de 500,000,000 de francs.

Depuis que la grande industrie a pris naissance, la consommation de la houille a doublé, au point que la production n'a pu y suffire et que la France est obligée de compléter ses approvisionnements en

---

1. Chemin de fer de Newcastle. — Chemin de fer de Saint-Étienne à la Loire (1823).

Angleterre, en Belgique et en Allemagne. Ces pays lui fournissent ainsi chaque année une quantité de houille représentant le tiers de sa consommation totale.

A maintes reprises, cette situation particulière a frappé l'attention des exploitants, des économistes, des hommes d'État. Le Gouvernement s'en est bien des fois ému. Depuis 1860, des enquêtes officielles et privées ont eu lieu. On a visité les houillères les plus renommées de l'Angleterre, de la Belgique et de l'Allemagne. Ces enquêtes ont fait ressortir deux faits bien établis. Le premier, c'est qu'au point de vue géologique les houillères françaises sont loin d'être favorisées comme les houillères étrangères. Les couches y sont moins nombreuses qu'en Belgique, moins puissantes qu'en Allemagne et en Angleterre ; et, en outre, les houillères n'ont pas, comme dans ce dernier pays, l'avantage d'être voisines des ports de mer.

Au point de vue technique, au contraire, les houillères françaises sont exploitées avec plus d'ordre, d'économie, de science, et n'ont rien à apprendre de leurs rivales étrangères ; elles peuvent même leur servir d'exemple[1].

Dès lors, pourquoi la production n'augmente-t-elle pas chez nous plus rapidement? Pourquoi certaines mines restent-elles inexploitées?

L'insuffisance des moyens de transport en est la principale cause. Nos canaux, nos chemins de fer ne sont pas achevés ; les tarifs pour le transport des houilles y sont encore trop élevés. Le Hâvre reçoit des houilles anglaises et ne peut recevoir les houilles françaises du Nord. Il fut un temps où il en était de même à Marseille pour les houilles du Gard. Il en est toujours ainsi à Bordeaux pour celles de Decazeville. Nantes est mieux approvisionnée par Cardiff et Newcastle que par les houillères françaises du centre. A Paris, la Belgique, avec ses houilles de Mons et de Charleroi, lutte victorieusement contre nos houillères indigènes. Enfin, les récents projets d'approfondissement de la Seine, dont la réalisation ouvrirait le marché de Paris aux charbons anglais, sont venus augmenter les alarmes des sociétés houillères du Nord[2].

---

1. Ces renseignements sont empruntés à un intéressant article de M. Simonin, publié dans le journal *la France* (numéro du 17 septembre 1878), à l'occasion d'un voyage de M. de Freycinet, ministre des travaux publics, dans les départements du Nord et du Pas-de-Calais.

2. *Journal des Mines* et *Journal des Travaux publics* du 10 octobre 1878. Lettre de M. de Freycinet aux membres de la *Commission du canal de Paris au Nord.*

Les remèdes à cette situation ont été souvent signalés par les économistes, par les comités des sociétés houillères, par les chambres de commerce et les représentants des départements intéressés. Tous demandent que le réseau des chemins de fer soit complété ; que les tarifs soient abaissés ; que les canaux soient achevés, améliorés et mis en communication normale les uns avec les autres ; que dans tous nos ports maritimes des appareils perfectionnés de chargement et de déchargement remplacent l'ancien outillage ; qu'enfin la loi du 21 avril 1810 sur les mines soit revisée et mise au courant des progrès de la science et de l'industrie.

4. — L'une des réformes demandées et comprises dans les divers projets de révision de la législation des mines concerne l'établissement des chemins de fer industriels.

Le régime légal de ces chemins de fer étant ainsi mis en question, il nous a paru utile de réunir les dispositions qui leur sont applicables dans l'état actuel de la législation.

Ces dispositions sont éparses dans la loi du 21 avril 1810 sur les mines, dans la loi du 12 juillet 1865 sur les chemins de fer d'intérêt local, dans des décisions ministérielles ; dans les décrets de concession, dans le cahier des charges des compagnies de chemins de fer, dans les arrêtés d'autorisation, et dans les décisions de la jurisprudence. A leur défaut, on applique les règles générales de la législation des chemins de fer ou de la voirie, en les appropriant à la destination particulière du chemin.

5. — A ce point de vue, on peut distinguer différentes espèces de chemins de fer industriels.

a) Les chemins de fer que les industriels établissent pour leur usage personnel sur les terrains qui leur appartiennent ou qu'ils occupent avec le consentement des propriétaires. Ces chemins de fer, qui ne nécessitent aucune expropriation, sont dispensés de la déclaration d'utilité publique et ne font pas l'objet d'une concession. Ils ne sont que l'exercice du droit de propriété et de la liberté de l'industrie. Ils échappent à l'application des règlements de voirie et de la loi du 15 juillet 1845 sur la police des chemins de fer, tant qu'ils ne sont pas employés à un usage public. Si le public était admis à s'en servir, l'autorité administrative aurait, en vertu des pouvoirs généraux de police et de surveillance que la loi des 16-24 août 1790 lui accorde sur toutes les voies publiques, le droit d'intervenir et de prescrire toutes les mesures de police et de sûreté qu'elle croirait nécessaires dans l'intérêt général [1].

b) Les embranchements qui font partie du réseau concédé à une compagnie et sont destinés à relier des établissements industriels à la ligne principale. Ces embranchements sont soumis aux mêmes règles que la ligne principale avec laquelle ils font corps; et les industriels dont ils desservent les établissements sont soumis aux mêmes conditions, aux mêmes tarifs que les expéditeurs ou destinataires ordinaires.

Les cahiers des charges accordent parfois aux compagnies des délais de 6, de 8 ou 10 ans pour l'exécution de ces embranchements. Les compagnies usant presque toujours assez largement de cette faculté, il en résulte des retards très-préjudiciables aux industriels. C'est même une des raisons qui ont été invoquées dans les discussions parlementaires pour montrer la nécessité de simplifier les conditions exigées pour l'établissement des chemins de fer industriels [2].

c) Les embranchements construits par les industriels pour relier leur exploitation à une ligne de chemin de fer dans les conditions prévues par l'article 62 du cahier des charges des compagnies.

d) Les chemins de fer qui sont directement concédés par l'État aux industriels.

e) Les chemins de fer qui sont établis en vertu de la loi du 21 avril 1810 sur les mines.

f) Les chemins de fer que des industriels sont autorisés à établir sur le sol des voies publiques.

g) Les chemins de fer qui sont établis pour le service des entreprises de travaux publics.

6. — Les deux premières espèces de chemins de fer industriels ne comportent pas de plus amples explications que celles que nous avons déjà données. Les autres sont soumises à des règles spéciales en ce qui concerne la construction, l'exploitation et la police de la voie.

L'examen de ces règles fera l'objet de notre étude.

---

1. DALLOZ, *Jurisprudence générale*, vº Voirie par chemin de fer, nº 180. — DUVERGIER, *Collection des lois*, t. XLV, p. 288.
2. Discours de M. Ed. Dalloz au Corps législatif. Séance du 24 mai 1859. — PALAA, *Dictionnaire des chemins de fer*, vº Embranchement industriel.

I.

DES CHEMINS DE FER INDUSTRIELS ÉTABLIS EN VERTU DE L'ARTICLE 62
DU CAHIER DES CHARGES DES COMPAGNIES.

7. — De nos jours, tous les établissements industriels, toutes les
usines un peu importantes, tiennent à se relier à une ligne de chemin
de fer. On pose une aiguille sur la voie principale ou sur une voie de
garage ; on établit une voie particulière qui pénètre dans l'usine et par
laquelle les wagons amènent ou emportent les marchandises qui doivent être chargées ou déchargées dans l'établissement même.

Pour la création de ces embranchements, l'État stipule des conditions particulières qu'il insère dans le cahier des charges de toutes les
compagnies de chemin de fer d'intérêt général ou d'intérêt local.

Il n'est pas sans intérêt de passer en revue ces conditions, qui font
généralement l'objet de l'article 62 du cahier des charges et qui ont
quelquefois donné lieu à des difficultés pratiques.

8. — *Industriels pouvant réclamer un embranchement.* — Tous
les industriels ne peuvent pas réclamer un embranchement par application de l'article 62.

« La compagnie, dit cet article, est tenue de s'entendre avec tout
propriétaire de mines ou d'usines qui, offrant de se soumettre aux
conditions prescrites par ledit article, demanderaient un nouvel embranchement. »

D'après cette disposition, il semble que la faculté d'obtenir un embranchement n'appartient qu'aux « propriétaires de mines ou d'u-
sines ». Mais dans la pratique, elle a été étendue aux carrières, aux
magasins généraux, aux docks, entrepôts et autres grands établissements commerciaux. Certains cahiers des charges ont été modifiés dans
ce sens [1].

Un débat s'est même engagé à ce sujet à l'Assemblée nationale dans
la séance du 2 décembre 1875. On discutait le projet de loi relatif au
chemin de fer d'Angoulême à Marmande. Le cahier des charges annexé
à ce projet portait l'ancienne rédaction de l'article 62 qui ne donne la

---

1. Cahier des charges des chemins de fer de Besançon à Morteau, et de Tour
à Montluçon. (Lois des 23 et 24 mars 1874.)

faculté d'embranchement qu'aux « propriétaires de mines ou d'usines ». M. Varroy présenta un amendement qui modifiait cette rédaction et accordait la faculté d'embranchement à « tout propriétaire de mines, de carrières, d'usines et d'établissements commerciaux ». M. Caillaux, ministre des travaux publics, accepta l'amendement pour les carrières, mais le repoussa pour les établissements commerciaux. Il fit remarquer que cette expression était trop large, qu'elle aurait pour conséquence de multiplier les aiguilles sur les lignes de chemins de fer, ce qui n'est pas sans danger, et qu'enfin il serait à craindre que, sous prétexte d'établissements commerciaux, des entreprises de roulage ne vinssent établir des embranchements et faire le groupage des marchandises au détriment des compagnies. M. Varroy proposa de modifier son amendement en faisant une exception pour les entreprises de roulage. Cet amendement n'en fut pas moins rejeté en ce qui touche les établissements commerciaux. Il ne fut adopté que pour les carrières. Toutefois, M. Fourcand ayant demandé que la faculté d'embranchement fût maintenue en faveur des entrepôts, des docks et des magasins généraux, le ministre des travaux publics répondit que dans l'état actuel de la législation ces établissements pouvaient être reliés aux lignes de chemins de fer, que les compagnies y avaient intérêt et que, par conséquent, il était inutile d'insérer pour eux une clause spéciale dans le cahier des charges[1].

9. — *Forme.* — L'industriel qui réclame un embranchement doit d'abord adresser une demande à la compagnie. « A défaut d'accord, le Gouvernement statue sur la demande, la compagnie entendue. » Quant à la forme de l'acte d'autorisation, elle dépend de l'importance de l'embranchement industriel à établir.

S'il ne s'agit que d'une simple voie de raccordement ne comportant aucune expropriation de terrain, elle ne fait l'objet ni d'un acte de concession, ni d'un cahier de charges spécial. Son établissement est seulement subordonné à une autorisation ministérielle au même titre que toutes les autres voies de service, considérées comme dépendances du chemin de fer[2].

Mais lorsque des expropriations de terrains sont nécessaires, l'em-

---

1. *Journal officiel* du 3 décembre 1875.
2. Art. 3 du cahier des charges. PALAA, *Dictionnaire des chemins de fer*, v° Embranchement industriel.

branchement ne peut être établi qu'en vertu d'une déclaration d'utilité publique et d'un acte de concession. S'il a moins de 20 kilomètres de longueur, il pourra être déclaré d'utilité publique par un décret rendu en la forme des règlements d'administration publique, après une enquête administrative. S'il a plus de 20 kilomètres, il devra être déclaré d'utilité publique par une loi rendue également après enquête[1].

10. — *Propriété.* — La question de propriété de l'embranchement est généralement réglée par les conventions qui interviennent entre les industriels, les compagnies et l'État.

En principe, l'embranchement sera la propriété de l'industriel, s'il est construit sur un terrain lui appartenant ou acquis par lui.

Si, au contraire, il est construit sur un terrain appartenant à la compagnie, celle-ci en reste propriétaire et le loue à l'industriel.

Si, enfin, l'embranchement nécessite une déclaration d'utilité publique et une expropriation de terrains, il fait l'objet d'une concession et devient une annexe de la ligne principale.

11. — *Construction.* — « Les embranchements sont construits aux frais des propriétaires de mines et d'usines, et de manière à ce qu'il ne résulte de leur établissement aucune entrave à la circulation générale, aucune cause d'avarie pour le matériel, ni aucuns frais particuliers pour la compagnie. »

On peut se demander si, au cas où l'embranchement est destiné à desservir une mine, l'article 11 de la loi du 21 avril 1810 devrait recevoir son application. Cet article interdit l'établissement de tous travaux de mines, sans le consentement formel du propriétaire de la surface, dans le rayon de 100 mètres des clôtures ou des habitations.

L'embranchement étant établi, non en vertu du droit que la loi de 1810 donne aux concessionnaires de mines, mais en vertu de la faculté qui est accordée par l'article 62 du cahier des charges des compagnies à tout propriétaire de mines ou d'usines, nous pensons que les restrictions de la loi de 1810 ne sont pas applicables. D'ailleurs, cet embranchement devenant une annexe de la ligne de chemin de fer, ne peut être considéré comme une dépendance de la mine.

12. — *Entretien.* — « L'entretien des embranchements doit être fait avec soin aux frais de leurs propriétaires et sous le contrôle de l'admi-

---

1. Loi du 3 mai 1841, art. 3. Sénatus-consulte du 25 décembre 1852, art. 4. Loi du 27 juillet 1870.

nistration. La compagnie a le droit de faire surveiller par ses agents cet entretien, ainsi que l'emploi de son matériel sur les embranchements.

Les traitements des gardiens d'aiguille et des barrières des embranchements autorisés par l'administration sont à la charge des propriétaires des embranchements. Ces gardiens sont nommés et payés par la compagnie, et les frais qui en résultent lui sont remboursés par lesdits propriétaires.

L'administration peut, à toutes époques, prescrire les modifications qui sont jugées utiles dans la soudure, le tracé ou l'établissement de la voie desdits embranchements, et les changements sont opérés aux frais des propriétaires.

L'administration peut même, après avoir entendu les propriétaires, ordonner l'enlèvement temporaire des aiguilles de soudure, dans le cas où les concessionnaires embranchés viendraient à suspendre en tout ou en partie leurs transports.

13. — *Exploitation.* — *Emploi du matériel de la compagnie.* — La compagnie est tenue d'envoyer ses wagons sur tous les embranchements autorisés, destinés à faire communiquer des établissements de mines ou d'usines avec la ligne principale du chemin de fer.

La compagnie doit amener ses wagons à l'entrée des embranchements. Les expéditeurs ou destinataires doivent les conduire dans leurs établissements pour les charger ou décharger et les ramener au point de jonction avec la ligne principale, le tout à leurs frais.

Les wagons ne peuvent d'ailleurs être employés qu'au transport d'objets et marchandises destinés à la ligne principale du chemin de fer.

Les propriétaires d'embranchements sont responsables des avaries que le matériel peut éprouver pendant son parcours ou son séjour sur ces lignes.

14. — Le temps pendant lequel les wagons peuvent séjourner sur les embranchements particuliers ne peut excéder six heures, lorsque l'embranchement n'a pas plus d'un kilomètre. Ce temps est augmenté d'une demi-heure par kilomètre en sus du premier, non compris les heures de la nuit depuis le coucher jusqu'au lever du soleil.

Dans le cas où les limites de temps sont dépassées nonobstant l'avertissement spécial donné par la compagnie, celle-ci peut exiger une indemnité égale à la valeur du droit de loyer des wagons, pour chaque période de retard après l'avertissement.

Il y a lieu de remarquer que si cette disposition ne prescrit pas une

mise en demeure dans les termes du droit commun et après l'expiration du délai, si elle suppose même que l'avertissement peut être
utilement donné au moment de la livraison des wagons, elle n'en exige
pas moins impérativement qu'un avertissement spécial rappelle aux
embranchés les conséquences d'un retard de leur part. Il a été jugé
dans ce sens que, lorsqu'une compagnie n'a pas donné à un embranché
l'avertissement spécial prescrit par la disposition précitée, la simple
constatation de l'heure à laquelle les wagons ont été livrés ne saurait
équivaloir à cet avertissement [1].

15. — La compagnie est tenue de mettre à la disposition des industriels embranchés un nombre de wagons suffisant pour opérer leurs
transports. En cas de refus ou de négligence, elle serait responsable du
préjudice que ces industriels pourraient en éprouver. Ainsi, une société
houillère, malgré ses demandes, n'avait pu obtenir de la compagnie de
chemin de fer avec laquelle elle était reliée par un embranchement,
qu'un nombre de wagons insuffisant pour le transport des charbons
qu'elle avait à livrer en vertu de marchés antérieurs passés avec
divers industriels. Elle éprouva un préjudice considérable résultant de
l'impossibilité où elle s'était trouvée de faire face en temps utile aux
besoins de sa clientèle, qui a dû alors s'approvisionner ailleurs. La
compagnie de chemin de fer a été déclarée responsable de ce préjudice
et condamnée à le réparer [2].

Cette obligation imposée aux compagnies de mettre à la disposition
des industriels embranchés les wagons nécessaires à leurs transports,
a souvent donné lieu à des difficultés. Aussi, une circulaire ministérielle du 1er février 1864 s'est-elle préoccupée de la question. Elle
appelle l'attention des compagnies de chemins de fer sur le système
inverse, c'est-à-dire sur les avantages qu'offrirait la fourniture des
wagons par les expéditeurs. Ce serait un moyen, à certaines époques
presque périodiques, de parer à l'insuffisance momentanée du matériel
des compagnies.

16. — *Tarifs et taxes spéciaux.* — Les tarifs des marchandises
transportées sur les embranchements industriels ne figurent pas dans
le modèle des tarifs généraux. On a pensé que leur véritable place
était dans le recueil des tarifs spéciaux de chaque compagnie. Ces

1. Cass. 9 juin 1869.
2. Tribunal de Béthune, 17 février 1870. *Code annoté des chemins de fer,* par
M. Lamé-Fleury, p. 786.

tarifs, d'ailleurs, n'intéressent que les propriétaires de mines, d'usines ou autres établissements embranchés, et, d'un autre côté, les conditions et les prix varient dans l'application suivant les lignes auxquelles les embranchements se rattachent [1].

17. — Le droit d'embranchement concédé à un industriel ne lui confère que le droit de souder ses rails particuliers au chemin de fer, mais ne le dispense pas de payer à la compagnie une taxe à titre de droit d'embranchement ou de loyer de wagon pour l'emploi du matériel roulant de la compagnie sur la voie embranchée [2].

Cette taxe est réglée par les dispositions finales de l'article 62.

Pour indemniser la compagnie de la fourniture et de l'envoi de son matériel sur les embranchements, elle est autorisée à percevoir un prix fixe de 12 cent. par tonne pour le premier kilomètre, et, en outre, 4 cent. par tonne et par kilomètre, en sus du premier, lorsque la longueur de l'embranchement excédera 1 kilomètre.

Tout kilomètre entamé doit être payé comme s'il avait été parcouru en son entier.

Le chargement et le déchargement sur les embranchements s'opèrent aux frais des expéditeurs ou destinataires, soit qu'ils les fassent eux-mêmes, soit que la compagnie de chemins de fer consente à les opérer. Dans ce dernier cas, ces frais sont l'objet d'un règlement arrêté par l'administration supérieure, sur la proposition de la compagnie.

Tout wagon envoyé par la compagnie sur un embranchement doit être payé comme wagon complet, lors même qu'il ne serait pas complètement chargé.

La surcharge, s'il y en a, est payée au prix du tarif légal et au *prorata* du poids réel.

La compagnie est en droit de refuser les chargements qui dépasseraient le maximum de 3,500 kilogrammes, déterminé en raison des dimensions actuelles des wagons. Ce maximum est revisé par l'administration de manière à être toujours en rapport avec la capacité des wagons. Les wagons sont pesés à la station d'arrivée par les soins et aux frais de la compagnie.

18. — Les frais accessoires sont réglés annuellement par un arrêté

1. Circulaire du 14 février 1861. *Code annoté des chemins de fer*, p. 245.

2. Lyon, 21 juillet 1861. — Cass., 14 décembre 1866. *Code annoté des chemins de fer*, p. 787, et Sir., 67, 1, 81. — Arrêtés ministériels du 24 juillet 1860 et du 20 avril 1862.

ministériel. Cet arrêté établit sur les marchandises en provenance ou à destination des embranchements particuliers un *droit de gare* de 20 cent. par tonne jusqu'à la première gare située sur la ligne principale, et de 20 cent. à la gare destinataire, ou réciproquement.

Ce sont les mêmes taxes de départ et d'arrivée dont sont tenus tous autres expéditeurs ou destinataires aux gares d'expédition et de destination.

19. — Il y a lieu à une autre taxe, dite *taxe de réexpédition*, dans le cas où les marchandises ont à passer d'une ligne ou d'un réseau exploités par une compagnie sur une ligne ou un réseau exploités par une autre compagnie. Cette taxe nouvelle est autorisée à la gare de jonction au profit des deux compagnies comme rémunération des soins de leurs agents respectifs.

Mais la taxe de réexpédition cesse d'être exigible lorsque les lignes de deux compagnies distinctes se sont fusionnées. A partir de la fusion, les lignes forment un seul réseau, dans toute l'étendue duquel les expéditeurs ou destinataires ont le droit de faire circuler leurs marchandises depuis la gare de départ jusqu'à la gare d'arrivée, sans qu'il puisse y avoir lieu de les assujettir à une taxe de réexpédition au point où elles passent de la ligne primitive à la ligne annexée, et réciproquement [1].

20. — Les compagnies de chemins de fer sont tenues de maintenir l'égalité entre les différents industriels qui possèdent des embranchements.

L'article 48 de leur cahier des charges porte : « La perception des taxes doit se faire indistinctement et sans aucune faveur. Tout traité particulier qui aurait pour effet d'accorder à un ou plusieurs expéditeurs une réduction sur les tarifs approuvés demeure formellement interdit [2]. »

Cette règle s'applique dans les rapports de la compagnie avec les divers industriels dont les établissements sont reliés à sa ligne par des embranchements. Aucune distinction ne doit être faite entre ceux qui sont propriétaires de leurs embranchements et ceux qui n'en sont que locataires. La compagnie doit se faire payer le loyer de son matériel par

---

1. Ch. civ., 24 déc. 1866. Compagnie de Paris-Lyon-Méditerranée contre Duchamp et autres. Dall., 67, 1, 11.

2. Circulaire ministérielle du 16 septembre 1857.

les uns comme par les autres, et maintenir l'égalité de taxe entre tous les expéditeurs. Ainsi, un propriétaire d'embranchement serait en droit de se plaindre du préjudice que pourrait lui causer une inégalité de traitement ; et c'est en vain que la compagnie prétendrait qu'elle est libre de faire avec ses locataires d'embranchements les arrangements qui lui conviennent ou qu'elle a compris le prix du loyer du matériel dans celui du loyer de l'embranchement lui-même. Il ne faut pas confondre, en effet, deux choses parfaitement distinctes : le droit de la compagnie comme propriétaire d'embranchements, droit indépendant, dont elle peut user librement et arbitrairement, et son droit de concessionnaire, celui-là contractuel et soumis à des clauses et conditions qu'elle ne peut modifier ni changer, sans le consentement de l'État concédant. D'où il suit qu'elle peut bien, comme propriétaire indépendant, concéder gratuitement si bon lui semble, l'usage de ses embranchements ; mais en sa qualité de concessionnaire, elle n'est pas libre de confondre la taxe de loyer du matériel avec le prix du loyer de ces embranchements, lesquels étant en dehors de la concession ne peuvent avoir rien de commun avec elle.

21. — Mais si tout traité particulier portant réduction sur les tarifs approuvés est interdit entre les compagnies de chemins de fer et les expéditeurs, cette prohibition ne s'applique qu'aux avantages qui peuvent constituer un privilège pour l'un d'entre eux. Elle ne fait pas obstacle dans la pratique à l'octroi de certaines concessions, alors qu'elles sont accordées en rémunération de services rendus ou en indemnités de sacrifices consentis au profit des compagnies.

Ainsi, une compagnie de chemin de fer peut concéder à un industriel le droit d'établir dans son intérêt exclusif un embranchement à la voie ferrée pour toute espèce de transports, et cette concession peut être réputée comprendre le droit de transporter sur l'embranchement, non-seulement les produits qui font l'objet du commerce actuel du concessionnaire, mais encore toutes autres marchandises dont il ferait ultérieurement le commerce [1].

---

1. Tribunal de la Seine, 30 juin 1879. Compagnie des mines d'Alais contre la Compagnie Paris-Lyon-Méditerranée. *Droit* du 23 juillet 1879.— Ch. req., 14 nov. 1860. Dall., 61, 1, 150.
Certains embranchements aboutissant sur le réseau de Paris-Lyon-Méditerranée, et particulièrement sur la ligne de Saint-Étienne à Lyon, sont soumis à des conditions spéciales. Voir à cet égard les renseignements donnés dans la notice de l'arrêt précité.

22. — *Contentieux.* — Lorsque des difficultés surgissent entre la compagnie de chemin de fer et les industriels embranchés, il est statué par l'administration, la compagnie entendue.

En cas d'inexécution des conditions stipulées dans l'article 62 du cahier des charges au profit de la compagnie de chemin de fer, le préfet peut, sur les plaintes de la compagnie et après avoir entendu le propriétaire de l'embranchement, ordonner par un arrêté la suspension du service et faire supprimer la soudure, sauf recours à l'administration supérieure et sans préjudice de tous dommages-intérêts que la compagnie serait en droit de réclamer pour la non-exécution de ces conditions.

Cette compétence de l'autorité administrative n'est pas générale pour tout ce qui concerne les rapports de la compagnie avec les propriétaires des embranchements. Elle ne s'applique qu'aux difficultés relatives à l'exécution des travaux, à la suspension du service et à la suppression de la soudure établie entre l'embranchement et la ligne principale.

Quant aux difficultés relatives à l'application des tarifs, à l'usage du matériel et à la responsabilité en cas d'avaries, elles sont du ressort de l'autorité judiciaire.

23. — En dehors des règles spéciales que nous venons de rappeler, les embranchements industriels sont soumis, pour ce qui concerne l'exploitation technique et la police, aux dispositions de l'ordonnance du 15 novembre 1846 et de la loi du 15 juillet 1845.

II.

DES CHEMINS DE FER CONCÉDÉS AUX INDUSTRIELS [1].

24. — Les industriels ne sont pas toujours en situation de profiter de la faculté d'établir des embranchements dans les conditions prescrites par l'article 62 du cahier des charges des compagnies de chemins de fer, soit qu'ils aient à relier leur exploitation à un entrepôt

---

1. D'après la *Statistique des chemins de fer*, publiée en 1879 par le ministère des travaux publics, il y avait, au 31 décembre 1878, 74 concessions de chemins de fer industriels, représentant une étendue de 354 kilomètres, dont 232 livrés à l'exploitation.

ou à une voie navigable, soit que leur exploitation, se trouvant à une certaine distance du chemin de fer, il soit plus avantageux pour eux de posséder une voie ferrée indépendante qu'ils pourront construire et gouverner suivant les besoins de leur industrie et en dehors de toute intervention de la compagnie.

Dans ces divers cas, ils doivent s'adresser directement à l'État pour obtenir la déclaration d'utilité publique et la concession du chemin de fer qu'ils se proposent d'établir.

25. — Les chemins de fer ainsi concédés aux industriels constituent une catégorie distincte de voies ferrées. Mais ils ne sont pas pour cela soumis à une réglementation spéciale. Les règles qui leur sont applicables sont celles du droit commun en matière de chemins de fer, c'est-à-dire celles des chemins de fer d'intérêt général. Si quelques règles spéciales ont été établies, elles n'ont été que la conséquence nécessaire de la destination particulière de ces chemins.

26. — Les chemins de fer industriels sont déclarés d'utilité publique par une loi. Ils peuvent l'être par un décret rendu en la forme des règlements d'administration publique, s'ils ne sont que des chemins d'embranchement de moins de 20 kilomètres de longueur[1].

27. — Ils sont soumis préalablement à toutes les formalités administratives qui doivent précéder la déclaration d'utilité publique d'un chemin de fer d'intérêt général, telles que projets, enquêtes, conférence avec le génie militaire pour ce qui concerne la zone frontière, conférence avec les ingénieurs des ponts et chaussées, rapports de ces derniers, etc.

28. — Les chemins de fer industriels concédés par l'État sont construits aux frais et risques des concessionnaires. Ceux-ci se trouvent substitués aux droits et aux obligations que l'administration tient de la loi du 3 mai 1841. Ils peuvent, à ce titre, poursuivre les expropriations nécessaires pour l'établissement de la voie. Ils peuvent également, comme l'administration, exercer le droit d'occupation temporaire ou d'extraction de matériaux pour l'exécution de leurs travaux.

29. — Bien que construits aux frais des concessionnaires et pour leur usage particulier, les chemins de fer industriels font partie du domaine public de l'État, au même titre que les chemins de fer d'in-

---

1. Loi du 3 mai 1841, art. 3. — Loi du 27 juillet 1870.

térêt général. C'est, d'ailleurs, avec la faculté que se réserve le Gouvernement d'exiger l'établissement d'un service public de voyageurs ou de marchandises, ce qui justifie le droit attribué aux concessionnaires de procéder par voie d'expropriation pour cause d'utilité publique à l'occupation des terrains nécessaires à la construction de leur ligne.

30. — Comme pour les chemins de fer en général, la durée de la concession est fixée à 99 ans.

Les droits respectifs de l'État et du concessionnaire, à l'expiration de la concession, sont ainsi réglés par le cahier des charges :

« A l'époque fixée pour l'expiration de la concession et par le seul fait de cette expiration, le Gouvernement sera subrogé à tous les droits de la compagnie sur le chemin de fer et ses dépendances et entrera immédiatement en jouissance de tous ses produits. Néanmoins, la compagnie aura le droit de faire transporter ses produits sur les chemins de fer en acquittant seulement les frais de transport et sans supporter le droit de péage. » (Art. 34 et 35.)

M. Aucoc, dans ses *Conférences sur le droit administratif*, nous fait connaître comment le Conseil d'État a été amené à insérer cette dernière clause dans les cahiers des charges des compagnies de chemins de fer industriels [1].

En 1869, lors de l'examen du cahier des charges d'un chemin de fer qui devait être concédé à la Société des mines d'Aniches, le Conseil d'État discutait l'article qui limite la durée de la concession à 99 ans. On s'est demandé s'il était juste d'appliquer cette disposition dans le cas où le chemin resterait affecté exclusivement au service d'une mine, et d'aboutir ainsi à ce résultat que, après l'expiration de la concession, l'État, devenant maître du chemin, pourrait faire payer un droit par la compagnie pour circuler sur un chemin dont elle seule aurait fait les frais. On proposa subsidiairement de ne faire courir le délai de la concession que du jour où le service public des voyageurs et des marchandises aurait été organisé.

Mais, après une étude approfondie, le Conseil d'État, d'accord avec le Gouvernement, a maintenu la disposition adoptée jusque-là. Seulement, pour donner satisfaction aux préoccupations qui se sont ainsi manifestées, il a été admis que, à l'expiration de la concession, lorsque

---

1. Conf. *Dr. adm.*, III, n° 1628.

l'État entrerait en possession du chemin, la compagnie qui l'avait construit serait exempte du droit de péage et n'aurait à payer que le droit de transport, si elle faisait faire ses transports avec un matériel autre que le sien.

Cette clause a été depuis généralisée et insérée dans tous les cahiers des charges des chemins de fer industriels.

31. — Les chemins de fer industriels, ainsi établis en vertu de concessions directes, ont une existence propre et indépendante. Ils ont un cahier des charges spécial qui règle leurs rapports avec l'administration ou avec les tiers, et qui, sauf quelques modifications, est le même que pour les autres chemins de fer.

S'ils aboutissent à une ligne principale de chemin de fer, leurs rapports avec la compagnie sont réglés par les dispositions de l'article 61 du cahier des charges qui est ainsi conçu :

« L'administration se réserve expressément le droit d'accorder de nouvelles concessions de chemins de fer, s'embranchant sur le chemin qui fait l'objet du présent cahier des charges, ou qui seraient établis en prolongement du même chemin.

« La compagnie ne pourra mettre aucun obstacle à ces embranchements, ni réclamer, à l'occasion de leur établissement, aucune indemnité quelconque, pourvu qu'il n'en résulte aucun obstacle à la circulation, ni aucuns frais particuliers pour la compagnie.

« Les compagnies concessionnaires de chemins de fer d'embranchement ou de prolongement auront la faculté, moyennant les tarifs ci-dessus déterminés et l'observation des règlements de police et de service établis ou à établir, de faire circuler leurs voitures, wagons et machines sur le chemin de fer objet de la présente concession, pour lequel cette faculté sera réciproque à l'égard desdits embranchements et prolongements.

« Dans le cas où les diverses compagnies ne pourraient s'entendre entre elles sur l'exercice de cette faculté, l'administration statuerait sur les difficultés qui s'élèveraient entre elles à cet égard.

« Dans le cas où une compagnie d'embranchement ou de prolongement joignant la ligne qui fait l'objet de la présente concession n'userait pas de la faculté de circuler sur cette ligne, comme aussi dans le cas où la compagnie concessionnaire de cette dernière ligne ne voudrait pas circuler sur les prolongements ou embranchements, les compagnies seraient tenues de s'arranger entre elles, de manière que le service des transports ne soit jamais interrompu au point de jonction des diverses lignes.

« Celle des compagnies qui se servira d'un matériel qui ne serait pas sa propriété payera une indemnité en rapport avec l'usage et la détérioration de ce matériel.

« Dans le cas où les compagnies ne se mettraient pas d'accord sur la quotité de l'indemnité ou sur les moyens d'assurer la continuation du service sur toute la ligne, l'administration y pourvoirait d'office et prescrirait toutes les mesures nécessaires.

« La compagnie pourra être assujettie, par les décrets qui seront ultérieurement rendus pour l'exploitation des chemins de fer de prolongement ou d'embranchement joignant celui qui leur est concédé, à accorder aux compagnies de ces chemins une réduction de péage ainsi calculée :

« 1° Si le prolongement ou l'embranchement n'a pas plus de 100 kilomètres, 10 p. 100 du prix perçu par la compagnie ;

« 2° S'il excède 100 kilomètres, 15 p. 100 ;

« 3° Si ledit prolongement ou embranchement excède 300 kilomètres, 25 p. 100. »

32. — Pour la partie technique de l'exploitation, pour l'établissement et l'entretien de la voie, la composition et les manœuvres du matériel roulant, les chemins de fer industriels sont soumis aux dispositions de l'ordonnance du 15 novembre 1846.

Quant à leur exploitation commerciale, elle est libre tant qu'elle reste exclusivement affectée au service des établissements industriels des concessionnaires.

A cet égard, il importe de signaler une clause importante qui figure depuis quelques années dans les décrets de concession des chemins de fer industriels. Dans chaque décret, il est dit que le chemin concédé « pourra, quant à présent, être exclusivement affecté au transport des produits » du concessionnaire. Mais « le Gouvernement se réserve la faculté d'exiger ultérieurement et dès que la nécessité en sera reconnue, après enquête, l'établissement soit d'un service public de marchandises, soit d'un service de voyageurs et de marchandises ». En vue de cette éventualité, les cahiers des charges annexés aux décrets de concession contiennent le tarif qui serait alors applicable. (Tit. IV et V.)

Avant l'insertion de cette clause dans les décrets de concession, le concessionnaire d'un chemin de fer industriel qui voulait étendre l'usage de son chemin et effectuer des transports de voyageurs ou de marchandises, était tenu de se faire autoriser à modifier son exploitation et d'obtenir un tarif. Pour cela, il devait s'adresser à l'autorité administrative qui lui avait délivré la concession de son chemin. Toutefois, le Conseil d'État avait déclaré que le ministre des travaux publics, qui pouvait conférer provisoirement l'autorisation du service non compris dans la concession, pouvait déterminer au même titre les tarifs de ce service[1].

33. — La loi du 15 juillet 1845, sur la police des chemins de fer, est applicable aux chemins de fer industriels. En conséquence, ces chemins font partie de la grande voirie et sont soumis à toutes les dispositions prescrites par cette loi pour tout ce qui touche au régime des propriétés riveraines, à la conservation des ouvrages et à la sécurité publique.

Toutefois, une exception a été établie en faveur des chemins de fer industriels par la loi du 12 juillet 1865, relative aux chemins de fer d'intérêt local. L'article 8 de cette loi déclare « applicables aux concessions de chemins de fer destinés à desservir des exploitations industrielles, les dispositions de l'article 4, aux termes duquel le préfet peut dispenser de poser des clôtures sur tout ou partie du chemin. Il peut également dispenser d'établir des barrières au croisement des chemins peu fréquentés. »

Ainsi, il appartient au préfet de déterminer, pour les chemins de fer industriels, les points sur lesquels les clôtures et les barrières peuvent être supprimées, sans qu'il en résulte une atteinte à la sécurité de l'exploitation ou du public.

Cette exception a été introduite dans une pensée d'économie. La dispense d'établir une clôture continue et des barrières supprime, en effet, les frais d'établissement de ces ouvrages, les frais de gardiennage, et restreint l'étendue du terrain que la voie doit occuper. On peut, d'ailleurs, sans inconvénient, renoncer à ces mesures de précaution sur les chemins de fer industriels qui, à raison même de leur destination privée, ne peuvent pas avoir des transports bien fréquents.

Cette disposition de la loi du 12 juillet 1865 est surtout remarquable

---

1. Conseil d'État, 10 janvier 1845. Compagnie du chemin de fer d'Alais à Beaucaire.

en ce qu'elle consacre, pour ainsi dire, l'existence légale de cette classe de chemins de fer[1].

34. — Enfin, les règles de compétence pour les chemins de fer industriels concédés sont les mêmes que pour les chemins de fer d'intérêt général ou d'intérêt local.

III.

DES CHEMINS DE FER INDUSTRIELS ÉTABLIS EN VERTU DE LA LOI DU 21 AVRIL 1810.

35. — Les deux modes d'établissement de chemins de fer industriels dont nous venons d'exposer les règles, ne sont pas sans inconvénients. Les propriétaires de mines ou d'usines qui sollicitent d'une compagnie de chemins de fer la construction d'un embranchement, ou du Gouvernement la concession d'une ligne indépendante, ont souvent à subir bien des lenteurs et des difficultés avant d'arriver à une solution définitive.

Aussi, les sociétés houillères ont-elles cherché, à diverses reprises, à faire consacrer par la jurisprudence la faculté pour les concessionnaires de mines d'établir des chemins de fer sans autres formalités que celles prescrites par la loi du 21 avril 1810 pour l'exercice du droit d'occupation temporaire. On peut même dire que l'histoire des chemins de fer industriels se résume tout entière dans les efforts que ces sociétés ont successivement tentés pour arriver à faire dispenser l'établissement de leurs voies ferrées des conditions auxquelles la loi française subordonne la création des chemins de fer en général.

Pour l'examen de cette importante question, nous devons d'abord rappeler les conditions auxquelles, sous l'empire de la loi de 1810, est subordonné l'établissement des chemins nécessaires à l'exploitation des mines, forges, usines, etc. Nous rechercherons ensuite avec la ju-

1. Cette disposition est reproduite dans le projet de loi sur les chemins de fer d'intérêt local adopté par le Sénat le 12 décembre 1878 et présenté à la Chambre des députés. V. Rapport de M. Émile Labiche, sénateur. Annexe, 420. *J. off.*, 8 décembre 1878, p. 11,622. Rapport de M. René Brice, député. *J. off.*, 10 août 1879, p. 3,365; annexe, 1,694.

risprudence si, dans l'état actuel de la législation, l'accomplissement de ces conditions suffit pour l'établissement d'un chemin de fer ayant la même destination.

36. — I. *Chemins de charroi.* — Les mines sont doublement enclavées, disait le rapporteur de la loi de 1810; elles sont enclavées dans le sens vertical et dans le sens horizontal. L'exploitation d'une mine, en effet, ne consiste pas seulement dans le percement d'un puits, dans l'exécution de sondages, dans l'ouverture de galeries souterraines. Elle comporte, en outre, l'établissement à la surface de tout un matériel et tous les travaux nécessaires à son fonctionnement, tels que magasins, halles, machines, canaux et chemins de charroi. Aussi le législateur, pour favoriser une industrie qui est d'intérêt général, a-t-il dû imposer aux propriétaires de la surface l'obligation de laisser établir sur leurs terrains toutes les dépendances extérieures de la mine.

Ce droit d'occupation est surtout indispensable aux concessionnaires pour l'établissement des chemins de charroi destinés à transporter les produits et amener les matériaux aux puits d'extraction. Il est bien certain que sans voies de communication, sans débouchés, l'exploitation d'une mine serait absolument impossible.

37. — Cette servitude de passage imposée aux propriétaires au profit des concessionnaires de mines, n'est pas nouvelle. L'ancienne législation française l'avait depuis longtemps reconnue.

Le premier acte réglementaire de la législation minérale en France, l'ordonnance de Charles VI du 30 mai 1413, s'exprimait ainsi : «..... « voulons et ordonnons que les hauts-justiciers, moyens et bas, sous « quelle juridiction et seigneurie lesdites mines sont situées et assises, « baillent et délivrent auxdits ouvriers, marchands et maîtres des- « dites mines, moyennant et par payant juste et raisonnable prix, che- « mins, voies, entrées et issues par leurs terres et pays. »

Les ordonnances de 1471, 1552 et 1604 reproduisent la même disposition.

La loi des 12-28 juillet 1791, dans laquelle sont venues se fondre les dispositions éparses et insuffisantes de l'ancienne législation, donne formellement aux concessionnaires la faculté d'établir sur les terrains des tiers, moyennant indemnité, « tant chemins que lavoirs, fuites des eaux et tout autre établissement de quelque nature qu'il soit dépendant de l'exploitation » (art. 21 et 25).

La loi du 16 septembre 1807 fait allusion à ce droit des concession-naires lorsqu'elle dispose dans son article 38, que, « lorsqu'il y aura lieu d'ouvrir ou de perfectionner une route ou des moyens de naviga-tion dont l'objet sera d'exploiter avec économie des mines ou mi-nières ou de leur fournir un débouché, toutes les propriétés de cette espèce, générales, communales ou privées, qui devront en profiter, seront appelées à contribuer pour la totalité de la dépense dans les proportions variées des avantages qu'elles devront en recueillir ».

38. — La loi du 21 avril 1810 qui régit actuellement la matière ne renferme aucune disposition spéciale à l'établissement des chemins nécessaires à l'exploitation des mines. Elle se borne à régler d'une ma-nière générale, dans les articles 43 et 44, les indemnités dues aux propriétaires des terrains sur lesquels les concessionnaires ont établi leurs travaux.

Ces articles sont ainsi conçus :

« Art. 43. — Les propriétaires de mines sont tenus de payer les indemnités dues au propriétaire de la surface sur le terrain duquel ils établiront leurs travaux. Si les travaux entrepris par les explorateurs ou par les propriétaires de mines ne sont que passagers, et si le sol où ils ont été faits peut être mis en culture au bout d'un an, comme il était auparavant, l'indemnité sera réglée au double de ce qu'aurait produit net le terrain endommagé. »

« Art. 44. — Lorsque l'occupation des terrains pour la recherche ou les travaux de mines prive les propriétaires du sol de la jouissance du revenu au delà du temps d'une année, ou lorsque après les travaux les terrains ne sont plus propres à la culture, on peut exiger des pro-priétaires des mines l'acquisition des terrains à l'usage de l'exploi-tation. Si le propriétaire de la surface le requiert, les pièces de terre trop endommagées ou dégradées sur une trop grande partie de leur surface devront être achetées en totalité par le propriétaire de la mine.

« L'évaluation du prix sera faite, quant au mode, suivant les règles établies par la loi du 16 septembre 1807 sur le desséchement des marais. Mais le terrain à acquérir sera toujours estimé au double de la valeur qu'il avait avant l'exploitation de la mine. »

Pour les minières, fourneaux, forges et usines, l'article 80 de la même loi est plus explicite. Il autorise formellement les permission-naires « à établir des chemins de charroi sur les terrains qui ne leur appartiennent pas, à charge d'indemnité envers le propriétaire ».

Aussi le droit des concessionnaires des mines d'établir des chemins pour le service de leur exploitation a-t-il été un instant contesté. A l'origine, certains propriétaires ont prétendu que les concessionnaires de mines n'avaient le droit de réclamer un passage que s'ils étaient dans le cas prévu par l'article 682 du Code civil, aux termes duquel « le propriétaire dont les fonds sont enclavés, et qui n'a aucune issue sur la voie publique, peut réclamer un passage sur les fonds de ses voisins pour l'exploitation de son héritage, à la charge d'une indemnité proportionnée au dommage qu'il peut occasionner ».

Évidemment une pareille prétention n'était pas admissible. Les conditions qui déterminent l'enclave pour les mines ne peuvent pas être les mêmes que pour les autres propriétés. Tel chemin qui a pu jusqu'alors desservir un bien rural, peut être impropre aux charrois ou insuffisant pour l'exploitation d'une mine. L'ouverture d'un nouveau puits peut nécessiter l'établissement d'un nouveau chemin alors que le corps de la mine est déjà par d'autres issues en communication avec la voie publique. La loi qui veut que les gites minéraux soient exploités d'une manière conforme à ce que demande l'intérêt général, a dû fournir aux concessionnaires les moyens de donner à leur exploitation tous les développements qu'elle comporte. Aussi a-t-il été sans peine admis que, pour qu'un concessionnaire puisse ouvrir un chemin, il n'est pas nécessaire que sa mine soit enclavée au sens absolu de l'article 682 du Code civil. La loi du 21 avril 1810, en lui donnant le droit d'occupation temporaire pour tous travaux nécessaires à son exploitation, lui a ainsi implicitement attribué le droit d'ouvrir les chemins que le service de cette exploitation peut exiger[1].

D'ailleurs, nous avons vu que la loi de 1810 autorise formellement l'établissement de chemins de charroi pour le service des minières, fourneaux, forges et usines. A plus forte raison reconnaît-elle la même faculté aux concessionnaires de mines. Et si elle n'en fait pas l'objet d'une mention spéciale, c'est que cette mention était inutile à côté de la faculté générale donnée à ces concessionnaires de faire tous travaux nécessaires à l'exploitation des mines.

39. — D'après ce qui précède, on peut dire que le droit pour le propriétaire de mines, de minières, de fourneaux, de forges ou

---

1. Circulaires du directeur général des mines du 6 septembre 1838 et du 1er décembre 1850. — Arrêté ministériel du 30 août 1838. — Conseil d'État, 28 mars 1862, *Mines de Littry.*

d'usines, d'occuper les terrains de la surface pour y établir un chemin résulte directement de la loi et de l'acte de concession ou de permission.

Il peut l'exercer sous la seule condition de payer une indemnité aux propriétaires des terrains occupés, mais seulement dans la mesure des nécessités de son exploitation. Aussi, à défaut d'arrangement amiable avec les propriétaires, le concessionnaire ne peut-il occuper leurs terrains sans en avoir préalablement obtenu l'autorisation de l'administration préfectorale, sauf aux propriétaires à faire valoir leurs droits devant l'autorité compétente. Cette autorisation a seulement pour objet de reconnaître la nécessité des ouvrages que le concessionnaire veut établir. Pour l'obtenir, celui-ci, d'après la pratique établie, fait d'abord aux propriétaires les offres qu'il croit suffisantes; il fait ensuite constater l'état des lieux par le maire de la commune et adresse une demande au préfet, qui statue après enquête et sur le rapport des ingénieurs des mines, sauf recours au ministre des travaux publics, et, s'il y a lieu, au Conseil d'État.

Cette compétence du préfet à l'exclusion de l'autorité judiciaire se justifie à un double titre : elle rentre d'abord dans les pouvoirs de surveillance que l'administration exerce sur les travaux de mines ; en outre, il appartient à l'autorité administrative d'apprécier l'étendue et la limite d'un droit qui résulte des actes de concession qu'elle délivre[1].

Quant au paiement de l'indemnité due aux propriétaires de la surface, il doit être préalable à toute occupation par le concessionnaire des terrains sur lesquels il a été autorisé à établir un chemin pour le service de sa mine.

Si ce chemin n'est que temporaire et si le sol où il a été établi peut être remis en culture au bout d'un an, comme il l'était auparavant, l'indemnité sera réglée au double de ce qu'aurait produit net le terrain endommagé. (Art. 43, loi de 1810.)

Mais si l'usage du chemin prive les propriétaires du sol de la jouissance du revenu au delà du temps d'une année, ou lorsqu'après son abandon les terrains ne sont plus propres à la culture, les propriétaires peuvent exiger l'acquisition de ces terrains par le concession-

1. Cahier des charges des concessions de mines, art. 5 et 6. — Circulaire du 6 septembre 1838. — Ordonnance du 26 mars 1843. — Conseil d'État, 22 août 1853, *Galland*. — Id., 14 avril 1864, *Denier*.

naire. Ils peuvent même les contraindre à leur acheter en totalité les pièces de terre trop endommagées ou dégradées sur une trop grande surface. L'évaluation du prix se fait alors suivant les règles établies par la loi du 16 septembre 1807 pour les occupations de terrains en matière de travaux publics (art. 48, XI). Mais dans ce cas le terrain à acquérir est toujours estimé au double de la valeur qu'il avait avant l'exploitation de la mine. (Art. 44 de la loi de 1810.)

Le règlement de ces indemnités a donné lieu dans la pratique à de graves difficultés dans l'examen desquelles nous ne pourrions entrer sans sortir du cadre de cette étude[1].

40. — La fixation de l'indemnité au double et la nécessité d'une autorisation préfectorale ont été considérées comme une garantie suffisante pour le propriétaire de la surface contre les abus que le concessionnaire pourrait faire de son droit.

D'ailleurs, l'exercice de ce droit est soumis à certaines restrictions.

La servitude légale qui grève les terrains de la surface doit être rendue la moins onéreuse que possible. C'est ainsi que pour l'établissement de son chemin, le concessionnaire doit observer les règles d'équité tracées par le Code, c'est-à-dire prendre le tracé le plus court et l'endroit le moins dommageable, autant, bien entendu, que peuvent le permettre les exigences de son exploitation. (Art. 683, 684, Code civil.)

Peut-être doit-on aller jusqu'à appliquer aux chemins de charroi la disposition de l'article 11 de la loi de 1810. Cet article interdit aux concessionnaires « le droit de faire des sondes et d'ouvrir des puits et galeries, d'établir des machines ou magasins dans les enclos murés, cours ou jardins et dans les terrains attenant aux habitations ou clôtures murées dans la distance de 100 mètres desdites clôtures ou habitations ». La Cour de cassation a jugé que cet article n'était qu'énonciatif et qu'un propriétaire pouvait dans un rayon de 100 mètres autour de son habitation empêcher l'établissement de tous ouvrages susceptibles de troubler « la paix et la liberté de son domicile », qu'il soit ou non propriétaire du terrain sur lequel le concessionnaire se propose de les établir[2].

D'après cette jurisprudence, l'article 11 pourra être invoqué par un

---

1. Voir notamment : Cass., ch. réunies, 23 juillet 1862. D. 62, 1, 257. *Pras contre Compagnie des mines de la Loire.*
2. Cass., ch. réunies, 19 mai 1856.

propriétaire pour empêcher l'établissement à moins de 100 mètres de son habitation d'un chemin destiné aux charrois d'une mine, d'une minière, d'une forge ou d'une usine. Si rigoureuse que soit cette application de l'article 11 aux chemins de charroi, elle nous paraît cependant la conséquence nécessaire du principe posé par la Cour de cassation, le voisinage de ce chemin pouvant être une cause de bruit et de trouble auprès du domicile du propriétaire.

Enfin, le droit d'occupation attribué par la loi de 1810 au concessionnaire de mines, ne s'étend pas au delà du périmètre de la concession. Les articles 43 et 44 ne sont applicables qu'aux surfaces comprises dans ce périmètre. De sorte que le concessionnaire, à défaut d'arrangement amiable, ne peut réclamer un chemin sur les terrains situés en dehors que dans les termes du droit commun et s'il se trouve dans le cas d'enclave prévu par l'article 682, Code civil.

L'autorité judiciaire serait alors compétente pour statuer sur cette réclamation et le préfet commettrait un excès de pouvoir s'il autorisait le concessionnaire à établir un chemin au delà du périmètre de la concession [1].

41. — *Chemins de fer à traction à vapeur.* — Lorsque la création des chemins de fer est venue changer les conditions économiques de l'industrie et donner à la consommation de la houille un immense développement, les simples chemins de charroi ne suffirent plus aux nécessités de l'exploitation des mines. Les concessionnaires songèrent alors à établir des chemins de fer à traction à vapeur pour le transport de leurs produits. Mais une difficulté surgit : un chemin de fer pouvait-il être considéré comme un simple chemin de charroi? Un arrêté préfectoral était-il suffisant pour en autoriser l'établissement sur les terrains de la surface?

Les concessionnaires de mines prétendirent qu'ils tenaient de leur droit d'occupation la faculté d'établir sur les terrains de la surface tous les travaux nécessaires à leur exploitation; que cette faculté s'appliquait tout aussi bien à un chemin de fer qu'à un simple chemin de charroi; que par conséquent l'autorisation du préfet suffisait pour en permettre l'établissement; qu'au surplus les concessionnaires, en vertu de leur droit d'occupation, sont subrogés dans tous les droits du propriétaire de la surface et que, comme lui, ils sont libres d'établir les

---

1. Conseil d'État, 8 mars 1851, *Dehaynin.*

travaux qui leur conviennent; qu'enfin, le paiement du double de la valeur des terrains et l'autorisation du préfet garantissent suffisamment l'intérêt des propriétaires[1].

Cette prétention n'a pas prévalu.

En principe, l'établissement d'un chemin de fer privé est libre, pourvu qu'il ne porte pas atteinte à la propriété d'autrui ou aux droits acquis des tiers et qu'il ne soit pas contraire aux règlements de police et de voirie. Dans ces conditions, les concessionnaires d'une mine peuvent établir une voie ferrée pour leur usage industriel sur les terrains qui leur appartiennent ou sur les terrains compris dans le périmètre de leur concession, s'ils agissent avec le consentement des propriétaires. Mais à défaut d'arrangement amiable, ils ne sauraient se prévaloir du droit d'occupation temporaire que leur attribue la loi du 21 avril 1810, pour établir sur ces terrains un chemin de fer destiné au transport de leurs produits.

En effet, en donnant aux concessionnaires de mines le droit d'occupation pour les travaux nécesaires à leur exploitation et en les autorisant à établir des *chemins de charroi*, le législateur de 1810 n'a certainement pas eu en vue l'établissement des chemins de fer qui, à cette époque, étaient à peine connus.

En outre, le caractère essentiellement temporaire de cette occupation, tel qu'il résulte des termes mêmes de la loi, est absolument incompatible avec le caractère permanent et les conditions d'établissement d'un chemin de fer. Autre chose est un simple chemin sans assiette fixe et définitive, qui n'impose d'autre sacrifice à la propriété qu'une servitude de passage et qui, le lendemain de son abandon, peut être rendu à la culture ; autre chose est un chemin de fer qui, le plus souvent, exige des travaux d'art et des terrassements, change l'état des lieux, crée des entraves à la circulation, entraîne la déviation des voies de communication et le déplacement du lit des cours d'eau.

Sans doute, il y aurait lieu, comme en matière de travaux publics, de faire exception pour un simple chemin de fer de service provisoire, établi dans le périmètre de la concession[2].

Mais il doit en être autrement d'un chemin de fer permanent. Un

1. DUPONT, *Traité de la jurisprudence des mines*, II, p. 61-337. Ed. DALLOZ, *De la Propriété des mines*, I, p. 350. RUX, *De la Propriété des mines*, i, p. 380.

2. Comp. Conseil d'État, 7 janvier 1864, *Guyot de Villeneuve*. — Id., 31 mai 1866. *Serre*.

concessionnaire de mine ne saurait avoir le droit de masquer une expropriation sous l'apparence d'une occupation temporaire qui se prolongerait indéfiniment, et d'échapper ainsi à l'intervention de l'autorité supérieure[1].

D'ailleurs, d'après la loi du 27 juillet 1870, qui a remis en vigueur le système de la loi du 3 mai 1841, « tous grands travaux publics, routes, canaux, *chemins de fer*.... entrepris par l'État ou par *compagnies particulières,* ne pourront être autorisés que par une loi rendue après une enquête administrative. — Un décret, rendu en la forme des règlements d'administration publique et précédé également d'une enquête, pourra autoriser l'exécution des canaux et *chemins de fer d'embranchement de moins de vingt kilomètres de longueur* ». Cette règle est absolue et s'applique aussi bien aux chemins de fer industriels qu'aux chemins de fer d'intérêt général ou d'intérêt local.

En résumé donc, les concessionnaires de mines ne peuvent établir un chemin de fer sur les terrains d'autrui sans y avoir été autorisés, conformément au droit commun, par une loi ou un décret.

Telle est la doctrine qui a été opposée aux prétentions des concessionnaires de mines et consacrée par la jurisprudence du Conseil d'État.

Les principes posés par cette jurisprudence peuvent se formuler en ces termes :

L'établissement d'un chemin de fer à traction à vapeur ne rentre pas dans la catégorie des travaux que, d'après les articles 43 et 44 de la loi du 21 avril 1810, les concessionnaires de mines ont le droit d'établir pour le service de leur exploitation.

A défaut de convention amiable avec les propriétaires, les concessionnaires doivent préalablement faire déclarer d'utilité publique, par une loi ou un décret, le chemin de fer qu'ils se proposent d'établir. Cette déclaration est nécessaire même pour l'établissement d'un chemin de fer dans le périmètre de la concession. A plus forte raison, est-elle indispensable, lorsque le chemin de fer doit s'étendre au delà de ce périmètre.

Le préfet qui autoriserait un concessionnaire à occuper des terrains à l'effet d'y établir un chemin de fer excéderait la limite de ses pouvoirs[2].

1. Conseil d'État, 6 décembre 1844, *Gallas.* — Id., 20 février 1868, *Chemin de fer de Saint-Ouen.*
2. Avis du Conseil d'État du 26 avril 1838, *Forges d'Abainville.* — Conseil d'État.

42. — Ajoutons toutefois qu'il ne faut pas donner à cette jurisprudence une application trop étroite. Nous croyons notamment qu'il y
aurait lieu de faire exception pour un chemin de fer d'un très-faible
parcours, pour une simple voie de raccordement qui serait destinée,
par exemple, à relier une mine avec une gare de chemin de fer.

Le Conseil d'État lui-même paraît avoir admis ce tempérament.
En effet, il a jugé récemment que l'établissement d'un chemin destiné
à relier une mine avec la gare d'un chemin de fer, présentait les ca-
ractères d'un travail d'exploitation pouvant donner lieu à l'occupation
de terrains par application des articles 43 et 44 de la loi de 1810 ; et
que le fait que ce chemin est destiné à recevoir des rails à voie
étroite pour le passage des wagons sortant de la mine, ne pouvait le
faire rentrer dans la catégorie des chemins de fer qui ne pourraient
être autorisés que dans les formes prescrites par les lois du 3 mai 1841
et du 27 juillet 1870 [1].

43. — *Chemins de fer à traction de chevaux.* — Les chemins de fer
à traction de locomotives ne sont guère employés que pour des
exploitations importantes. En général, les concessionnaires n'en établissent que pour relier leur mine à une ligne de chemin de fer ou
pour transporter leurs minerais à une certaine distance. Pour les
exploitations de moindre importance, ou lorsqu'il s'agit seulement de
transporter le minerai à une faible distance, à un magasin, à un entrepôt, à un canal, les concessionnaires n'emploient souvent qu'une
simple voie ferrée composée de rails à faible écartement et desservie
par des chevaux. Dans ce cas, on s'est demandé si on devait considérer
cette voie ferrée comme rentrant dans la catégorie des chemins de fer
qui ne peuvent être autorisés que par une loi ou un décret déclaratif
d'utilité publique ; ou si on ne devait pas plutôt la considérer comme
un simple chemin de charroi. La jurisprudence s'est arrêtée à ce dernier
système.

Une voie ferrée destinée seulement à un service de chevaux ne
présente pas un caractère essentiellement permanent ; son établissement sur un parcours plus étendu ne peut pas changer sensiblement
le relief du sol ; sa construction et son exploitation ne sont pas de

---

8 mars 1851, *Dehaynin contre Mines de la Vernade.* Arrêt rendu sur l'avis conforme du conseil général des mines et du ministre des travaux publics. — Conseil
d'État, 20 février 1868, *Mines de Montchanin.*

1. Conseil d'État, 16 novembre 1877, *Forbin d'Oppède contre Mines du Trets.*

nature à nécessiter l'intervention ou la surveillance de l'autorité supérieure. Dans ces conditions, elle peut donc être comprise au nombre des travaux de mines pour lesquels les articles 43 et 44 de la loi du 21 avril 1810 donnent au concessionnaire un droit d'occupation temporaire sur les terrains de la surface. Un concessionnaire de mine pourra donc établir un chemin de fer de cette nature dans le périmètre de sa concession sans autres formalités, à défaut de règlement amiable avec les propriétaires, qu'une autorisation préfectorale et le paiement d'une indemnité réglée au double, conformément aux dispositions des articles 43 et 44 de la loi de 1810 [1].

Les chemins de fer à traction de chevaux établis en vertu du droit d'occupation temporaire accordé aux concessionnaires par la loi de 1810 sont entièrement soumis au régime de cette loi. En ce qui concerne les formalités et les conditions de leur établissement, on doit donc suivre les mêmes règles que pour les chemins de charroi ordinaires.

Nous dirons seulement que si des doutes ont pu s'élever sur l'application aux chemins de charroi de l'article 11 de la loi de 1810 qui interdit d'établir des travaux de mines dans la distance de 100 mètres des clôtures et habitations, ces doutes ne sauraient être permis en ce qui touche l'établissement d'un chemin de fer à traction de chevaux. Sans doute, un chemin de fer peut, en général, être établi à moins de 100 mètres des habitations ; mais ce rapprochement n'est autorisé que dans un intérêt général et nullement dans l'intérêt particulier d'un concessionnaire de mines. Or, l'article 11 interdit non-seulement de creuser des puits ou galeries, mais aussi d'établir « des machines ou magasins », termes assez étendus pour empêcher la création d'un chemin de fer dans l'espace fixé par cette disposition. D'ailleurs, cette restriction ayant été faite pour tous travaux susceptibles de troubler la tranquillité du domicile, elle doit nécessairement s'appliquer à un chemin de fer établi pour le service d'une mine [2].

Quant à la construction et à l'exploitation, les chemins de fer à traction de chevaux rentrent dans les travaux de mines placés sous le contrôle et la surveillance des ingénieurs de l'État.

---

1. Conseil d'État, 15 juin 1877, *Béhague contre Mines de l'Escarpelle*. — Id., 23 février 1870, *Hospices d'Angers contre Mines du Désert*. — 9 juillet 1875, *Seillière contre Servier*.

2. Rapport de M. Stanislas de Girardin sur la loi de 1810. BATBIE, *Traité de droit administratif*. V. n° 479.

44. — *Plans inclinés automoteurs.* — Il est bien certain que les développements qui précèdent doivent s'appliquer à toute autre voie ferrée qui, sans être desservie par des chevaux, ne serait pas desservie par des locomotives, comme, par exemple, à un chemin de fer avec plans inclinés automoteurs dont l'emploi est très-fréquent dans les mines ouvertes sur les montagnes et qui n'est destiné qu'à descendre les minerais dans la vallée par un moyen plus rapide et beaucoup plus économique que le charroi par voitures.

IV.

DES CHEMINS DE FER INDUSTRIELS ÉTABLIS SUR LE SOL DES VOIES PUBLIQUES.

45. — Il est évidemment superflu d'insister sur les avantages que peut présenter le transport par voies ferrées établies sur le sol des routes et chemins. Avantages de célérité et d'économie, d'économie surtout : pas d'expropriation nécessaire, et partant pas d'indemnité à payer. D'un autre côté, personne n'ignore les frais qu'occasionnent les transports par voitures et la supériorité des transports par wagons sur rails : économie de temps, de personnel, de matériel, de chevaux. De plus, une voie ferrée établie sur un chemin vicinal pour desservir un établissement industriel peut, sinon éviter, du moins diminuer sensiblement les dégradations causées au chemin par les charrois ordinaires et pour lesquelles les industriels ont à payer des subventions spéciales en vertu de la loi du 21 mai 1836.

Aussi, la traction économique au moyen de rails posés sur les routes et chemins tend-elle de plus en plus à se répandre, et a-t-elle attiré l'attention du législateur et en général de tous ceux qui s'intéressent aux progrès de l'industrie des transports. Cette question devait naturellement préoccuper tout d'abord les propriétaires d'usines, les concessionnaires de mines, pour le transport de leurs produits. C'est, en effet, à leur initiative que sont dus les premiers chemins de fer routiers.

Ces chemins de fer ne sont pas encore soumis à une réglementation spéciale. On leur applique, en dehors des stipulations que peut contenir l'acte d'autorisation, les principes généraux de la législation des chemins de fer et de la voirie, en les appropriant autant que possible à leur destination particulière.

La première question à examiner est celle de savoir quelle est l'autorité compétente pour donner aux industriels l'autorisation nécessaire à l'effet d'établir sur le sol des routes et chemins des voies ferrées pour le service de leur exploitation.

Lorsqu'il s'agit d'un chemin de fer à traction de chevaux ou de locomotives destiné au transport public des voyageurs et des marchandises, son établissement sur la voie publique ne peut être autorisé et réglé que par un décret rendu après enquête et dans la forme des règlements d'administration publique [1].

Il n'en est pas de même pour les voies ferrées affectées au transport des produits d'un établissement industriel. Dans ce cas, en effet, l'autorisation d'occuper la voie publique, étant demandée par un particulier dans son intérêt personnel, rentre dans les attributions des administrations locales chargées de délivrer les permissions de voirie.

Des distinctions sont cependant nécessaires.

Si les transports doivent être faits par traction de locomotives, il y a lieu de combiner la législation spéciale qui régit actuellement la circulation des locomotives sur les routes, avec les règles générales de la voirie [2].

Il en résulte que l'autorisation est délivrée par le préfet quand la voie ferrée ne doit pas s'étendre au delà des limites d'un département, et par le ministre des travaux publics quand elle doit s'étendre au delà. Dans l'un et l'autre cas les conseils compétents sont appelés à donner leur avis [3].

S'il s'agit d'une voie ferrée à traction de chevaux, la question est résolue par l'application des règles ordinaires de voirie. Dans ce cas, en effet, l'autorisation de l'établir rentre dans la catégorie des permis-

---

1. Avis du Conseil d'État du 22 février 1872. Consulter : BAUKHAUSEN, *Du Régime légal des Tramways*. CHALLOT, *Tramways et chemins de fer sur routes.*

2. Décret du 12 décembre 1865 ; arrêté ministériel du 20 avril 1866 ; loi du 30 mai 1851.

3. Sur les chemins de fer industriels à traction de locomotives établis sur le sol des voies publiques, on consultera avec fruit les renseignements que contiennent les Annexes du rapport de M. Aclocque, présenté dans la séance du 23 mars 1877, sur une proposition de loi relative aux chemins de fer pouvant être établis sur les routes. Ces renseignements concernent la construction du chemin de fer qui a été établi sur l'accotement d'une route nationale par la Société métallurgique de l'Ariège pour l'exploitation des minerais de fer de Puymorens (Pyrénées-Orientales). Annexe n° 878.

sions de voirie. Elle sera donc délivrée par la même autorité qui permet les occupations de la voie publique, pour y établir des dépôts de matériaux, des tranchées, des aqueducs, des passages temporaires ou permanents, ou tous autres ouvrages.

Ainsi, l'autorisation du préfet sera nécessaire pour établir une voie ferrée à traction de chevaux destinée exclusivement à l'exploitation d'un établissement industriel, sur une route nationale ou départementale et sur un chemin vicinal de grande communication ou d'intérêt commun. L'autorisation du maire suffira pour établir pareille voie ferrée sur un chemin vicinal ordinaire [1].

En l'absence d'une législation spéciale, ces divers chemins de fer industriels établis sur les routes et chemins sont régis par les règles ordinaires de la voirie et de la police du roulage. Mais les conditions de leur établissement et de leur exploitation sont toujours déterminées par l'acte d'autorisation qui prescrit les mesures nécessaires pour assurer le bon état de viabilité du chemin, la liberté et la sécurité de la circulation ; notamment l'entretien de la partie de la chaussée occupée par la voie ferrée est mis à la charge du permissionnaire.

L'autorisation est toujours délivrée sous la réserve des droits des tiers. Elle est, en outre, essentiellement révocable, non-seulement si les conditions ne sont pas remplies, mais encore si la révocation est commandée par l'intérêt public.

Il convient d'ajouter que, sur ces différents points, la pratique administrative a subi certaines variations. Elle restera encore quelque peu indécise, tant qu'une loi ne sera pas venue régler la matière.

Dans ces dernières années, plusieurs projets de lois ont été présentés pour réglementer les voies ferrées établies sur les voies publiques. Ils ne mentionnent pas spécialement les chemins de fer établis pour le service exclusif d'une exploitation industrielle. Mais comme la nouvelle législation aurait surtout pour but de favoriser le trafic des marchandises et leur transport facile, il en résulte qu'elle serait appli-

---

1. GUILLAUME, *Traité de la voirie vicinale*, nº 145 ; loi du 23 mai 1836 ; règlement général sur les chemins vicinaux ; — Conseil d'État, 10 juillet 1869, *Gagardon de Fenoyl*. Cet arrêt offre un exemple d'un chemin de fer industriel à traction de chevaux, établi sur un chemin vicinal d'intérêt commun, en vertu d'un arrêté préfectoral, pour relier l'usine d'un manufacturier d'Ars-sur-Moselle à la gare du chemin de fer de l'Est. Aux termes de l'arrêté d'autorisation, le manufacturier était tenu de livrer sa voie ferrée aux autres exploitations de la localité, moyennant une bonification à fixer par convention amiable ou par experts, ou bien d'effectuer avec son matériel les transports de ces exploitations à des prix tarifés.

cable aussi bien aux chemins purement industriels qu'aux chemins destinés au transport des voyageurs et des marchandises [1].

V.

DES CHEMINS DE FER ÉTABLIS POUR LE SERVICE D'UNE ENTREPRISE DE TRAVAUX PUBLICS.

46. — L'emploi de la voie ferrée est très-fréquent dans les entreprises de travaux publics, soit pour le transport des matériaux, soit pour les terrassements. A la rigueur, on pourrait dire que les chemins de fer ainsi établis par les entrepreneurs pour le service de leurs chantiers sont des chemins de fer industriels. Mais, en réalité, ils ne sauraient être classés dans cette catégorie de voies ferrées. Les chemins de fer industriels ont un établissement fixe et sont destinés à être exploités d'une manière permanente, tandis que les chemins de fer employés dans les travaux publics sont matériellement temporaires. Simples rails posés pour les besoins de l'entreprise, ils sont destinés à disparaître quand les travaux sont terminés. Ils ne sont, à vrai dire, qu'une partie du matériel, qu'un instrument de travail. Ils ne sauraient donc être régis par les mêmes règles que les chemins de fer industriels.

Cependant l'établissement d'un chemin de fer par un entrepreneur de travaux publics peut, dans certains cas, soulever des questions litigieuses. En effet, il est souvent nécessaire de poser les rails sur les terrains des particuliers ou sur le sol d'une route ou d'un chemin. De là des difficultés : quel sera le droit de l'entrepreneur ? Aura-t-il besoin d'une autorisation ? Quelle sera l'autorité compétente pour lui donner cette autorisation ? A quelles conditions pourra-t-il l'obtenir ? Autant de questions, sans doute peu importantes en théorie, mais qu'il convient cependant d'examiner à cause de l'intérêt réel qu'elles présentent dans la pratique.

---

1. Projet de loi présenté par M. Caillaux à la séance du 17 mars 1875; rapport de M. Varroy; rapport de M. Aclocque, présenté à la séance du 23 mars 1877; projet de loi présenté par M. de Freycinet à la séance du 29 avril 1875; rapport de M. Hérold au Sénat, le 16 décembre 1878; *J. off* des 27 et 28 janvier 1879, p. 579 et 595; projet de loi adopté par le Sénat, le 7 mars 1879, et déposé à la Chambre des députés le 13 mars; *J. off.* du 24 mars, p. 2,653; rapport de M. René Brice, député; *J. off.*, 10 août 1879, annexe 1,694.

Pour cet examen, nous distinguerons suivant qu'il s'agit de poser la voie ferrée sur les terrains des particuliers ou sur le sol d'un chemin public.

47. — *Sur les terrains des particuliers.* — L'établissement sur les terrains des particuliers d'une voie ferrée nécessaire à l'exécution de travaux publics, ne peut soulever aucune difficulté sérieuse. On sait que les entrepreneurs de travaux publics, en leur qualité de représentants de l'administration, ont le droit d'occuper temporairement les propriétés particulières, pour y établir les ateliers, dépôts ou chemins de service indispensables à la construction des ouvrages. Ils exercent ce droit d'occupation temporaire en vertu d'un simple arrêté du préfet et en se conformant, pour la notification de cet arrêté au propriétaire et le règlement de l'indemnité, aux formalités et conditions prescrites par les lois du 16 septembre 1807 et du 21 mai 1836, et par le décret du 8 février 1868. Ils ne peuvent prendre possession des terrains qu'après en avoir préalablement obtenu l'autorisation. Mais quant à l'usage qu'ils peuvent faire de ces terrains, ils sont entièrement libres. Il leur suffit d'être autorisés à les occuper pour pouvoir installer à leur surface tout le matériel et toutes les constructions provisoires dont ils ont besoin. En un mot, ils sont seuls juges de la nécessité des dispositions commandées par l'exécution des travaux, sauf ensuite à régler avec le propriétaire l'indemnité qui peut lui être due pour le préjudice causé par la privation de jouissance des terrains occupés et pour les frais jugés nécessaires pour remettre les lieux dans leur état primitif.

Par application de ces principes, on doit reconnaître, sans hésiter, à l'entrepreneur, le droit d'installer, sans permission spéciale, sur les terrains régulièrement occupés, un chemin de fer destiné au service de son entreprise pour tous transports de matériaux et de déblais. Ni l'administration, ni le propriétaire ne peuvent s'opposer à l'installation de ce chemin de fer, parce que, d'une part, l'entrepreneur est toujours libre dans le choix de ses moyens d'exécution, pourvu qu'ils ne soient contraires ni à son devis, ni aux règlements de police, et que, d'autre part, le propriétaire est tenu de supporter la servitude de l'occupation sans pouvoir critiquer la façon dont elle s'exerce, tous ses droits se résolvant en un droit à indemnité[1].

---

1. Conseild'État, 23 juin 1864, *Castor.*

A cet égard, la situation des entrepreneurs de travaux publics présente une grande analogie avec celle des concessionnaires de mines.

Comme nous l'avons vu précédemment, la loi du 21 avril 1810 accorde aux concessionnaires le droit d'occuper temporairement, dans l'étendue du périmètre concédé, les terrains de la surface pour y établir les dépendances extérieures de leur exploitation, telles que magasins, machines, chemins de charroi. Ce droit, qu'ils exercent en vertu d'une autorisation préfectorale et moyennant une indemnité fixée au double, ils ont cherché à s'en prévaloir pour établir des chemins de fer aux mêmes conditions qu'un simple chemin de charroi, et éluder ainsi la nécessité de recourir aux formalités et d'une déclaration d'utilité publique et d'une concession. Mais les propriétaires intéressés se sont opposés à cet établissement. Le Conseil d'État, saisi à diverses reprises de la contestation, a repoussé la prétention des concessionnaires en ce qui concerne les chemins de fer à voie normale et à traction de locomotive. Il a décidé que ces chemins de fer ne pouvaient être établis qu'en vertu d'une déclaration d'utilité publique, conformément à la loi du 3 mai 1841. Mais il a fait exception pour les voies ferrées composées de rails à faible écartement et servant à la circulation de wagons traînés par des chevaux. Ces voies ferrées peuvent être établies par les concessionnaires de mines sur les terrains situés dans le périmètre de la concession, sans autres formalités préalables qu'une autorisation préfectorale et le paiement de l'indemnité suivant les conditions fixées par la loi de 1810.

S'il en est ainsi pour les industriels agissant dans un intérêt purement privé, à plus forte raison doit-il en être de même pour des entrepreneurs qui agissent au lieu et place de l'administration et au nom de l'intérêt public. Ajoutons qu'à la différence des concessionnaires de mines, les entrepreneurs peuvent adopter tel système de voie ferrée qui leur convient et faire traîner leurs wagons par des chevaux ou des locomotives. La raison pour laquelle le Conseil d'État a décidé qu'un chemin de fer industriel, avec traction de locomotive, ne pouvait être autorisé par un simple arrêté préfectoral, consiste dans le caractère permanent d'un pareil chemin dont l'établissement aboutit nécessairement à l'expropriation des terrains. Or, cette raison n'existe pas pour les chemins de fer établis par les entrepreneurs de travaux publics pour le service de leur entreprise et qui, à raison de cette destination, sont essentiellement temporaires. Ces entrepreneurs peuvent donc; si l'importance de leurs travaux l'exige, employer aussi bien des locomotives que des chevaux pour la traction de leurs wagons. Ils n'ont d'autres règles à suivre pour cet emploi que celles qui ont été fixées par le décret du 25 janvier 1865 pour l'usage des machines à vapeur[1].

Enfin, les entrepreneurs ne peuvent établir un chemin de fer en vertu de leur droit d'occupation temporaire que si ce chemin de fer doit servir à l'exécution d'un travail public. Une compagnie de chemin de fer, par exemple, ne pourrait pas être autorisée par le préfet à occuper temporairement un terrain en vue d'établir une voie provisoire destinée à suppléer à l'insuffisance de sa ligne principale pour les besoins de l'exploitation commerciale[2]. Mais elle pourrait être autorisée à établir une voie provisoire en cas de remaniement de la gare, lorsque ce travail a été approuvé par l'autorité compétente[3].

48. — *Sur le sol d'une route ou d'un chemin.* — Ce n'est pas seulement sur les terrains des particuliers que les entrepreneurs de travaux publics peuvent avoir besoin d'établir un chemin de fer de service pour opérer leurs transports de matériaux ou de déblais ; c'est aussi et surtout sur le sol des voies publiques[4].

Quelle sera l'autorité compétente pour leur donner l'autorisation nécessaire à l'effet d'établir, sur le sol des routes et chemins, des voies ferrées pour le service de leur entreprise? On est généralement porté à considérer cette autorisation comme une simple permission de voirie rentrant, à ce titre, dans les pouvoirs de police qui appartiennent aux administrations préfectorale et municipale sur les routes et chemins. L'autorisation doit alors être donnée par le même fonctionnaire qui délivre les permissions de voirie sur le chemin dont il s'agit : par le préfet, s'il s'agit d'une route nationale ou départementale, d'un chemin vicinal de grande communication d'intérêt commun[5].

Mais la question est plus délicate lorsqu'il s'agit d'un chemin vicinal ordinaire. Dans ce cas, est-ce au préfet ou au maire qu'il appartient de délivrer l'autorisation ? On comprend l'intérêt de la question. Lors-

---

1. Conseil d'État, 7 janvier 1864, *Guyot de Villeneuve.*
2. Conseil d'État, 11 février 1876, *Compagnie du Nord contre Noël.*
3. Conseil d'État, 17 juillet 1874, *Monnier.*
4. *Des Travaux de terrassement relatifs aux chemins de fer et aux routes,* étude technique par W. Heine. Trad. Dunod.
5. GUILLAUME, *Traité de la voirie vicinale,* n° 145, p. 238 ; *Règlement général sur les chemins vicinaux.*

qu'il s'agira de travaux publics de l'État, du département ou d'une compagnie de chemins de fer, le préfet sera, en général, favorable à leur exécution et ne refusera pas à l'entrepreneur l'autorisation d'établir des rails sur un des côtés de la voie publique, tandis qu'il peut arriver que cette autorisation soit refusée par un maire mal inspiré ou obéissant à des influences locales.

Si on consulte la loi, on voit qu'elle ne donne pas directement au maire le droit de délivrer toutes autorisations de voirie concernant les chemins vicinaux ordinaires. Les seuls pouvoirs de police qu'elle lui attribue concernent uniquement les mesures relatives à la sûreté de la circulation et à la sécurité des personnes, telles que l'éclairage des voitures et des encombrements, l'établissement des barrières devant les excavations[1]. Ce sont les préfets qui, aux termes de la loi du 21 mai 1836, ont seuls le droit de réglementer tout ce qui est relatif à la surveillance et à la conservation des chemins vicinaux. Par application de ces principes, la jurisprudence a décidé que le préfet était compétent, à l'exclusion du maire, pour autoriser un particulier à construire un aqueduc sous un chemin vicinal ordinaire[2], pour prescrire l'apposition de barrières de dégel[3], ou pour autoriser l'enlèvement des gazons, terres ou pierres qui garnissent le chemin[4].

Il y aurait même raison pour reconnaître également au préfet le droit d'autoriser un entrepreneur à poser des rails sur un chemin vicinal. Mais cette solution n'est plus possible sous l'empire du *Règlement général sur les chemins vicinaux*, dressé par les soins du ministère de l'intérieur et mis en vigueur, dans chaque département, par arrêté du préfet[5]. Ce règlement, en effet, donne au maire le pouvoir de délivrer, sur l'avis de l'agent voyer, toutes autorisations relatives aux chemins vicinaux ordinaires et de nature à intéresser la conservation de la voie publique ou la facilité de la circulation. Ainsi, c'est au maire, par délégation du préfet, qu'il appartient d'autoriser, sur un chemin vicinal ordinaire, l'ouverture d'une tranchée, la construction d'un aqueduc, l'établissement de dépôts, de passages permanents ou temporaires. Dès lors, si on considère comme une simple permission

---

1. Loi des 16-24 août 1790.
2. Conseil d'État, 26 août 1825, *Riboud.*
3. Cass., ch. crim., 4 juillet 1857; D. 57, 1, 378.
4. Cass., ch. crim., 21 février 1845, D. 45, 5, 541.
5. Loi du 21 mai 1836, art. 21.

de voirie, l'autorisation nécessaire à l'entrepreneur de travaux publics pour établir une voie ferrée temporaire sur un chemin vicinal ordinaire, il est bien certain qu'elle ne pourra être délivrée que par le maire dans les formes et conditions prescrites par le *Règlement général* (art. 172, 173 et 199).

Mais ce point de vue est-il bien exact? Sans doute, il serait exact s'il s'agissait d'une occupation de la voie publique, demandée par un propriétaire dans son intérêt personnel, ou par un entrepreneur pour des travaux particuliers. Dans ce cas, en effet, l'autorisation ne serait qu'une simple permission de voirie que l'administration délivrerait en vertu de ses seuls pouvoirs de police. Mais, dans notre espèce, il en est tout autrement. L'occupation est demandée, non dans l'intérêt d'une entreprise particulière, mais dans l'intérêt d'une entreprise d'utilité publique. Et, qu'on le remarque bien, ce n'est pas une simple permission que sollicite l'entrepreneur de travaux publics. Il réclame l'exercice d'un droit qui lui appartient comme représentant de l'administration, du droit d'occupation temporaire que la loi lui accorde pour l'exécution de ses travaux, et dont l'exercice est seulement soumis à l'autorisation préalable du préfet.

On objectera peut-être que l'occupation temporaire ne peut avoir lieu que sur des propriétés particulières. Mais la servitude d'occupation temporaire, inhérente à toute exécution de travaux publics, n'est-elle pas une sorte d'expropriation temporaire pour cause d'utilité publique? Comme l'expropriation, elle s'applique aussi bien aux propriétés publiques qu'aux propriétés privées. Une route peut être déplacée, modifiée, interceptée, par exemple, pour la construction d'une ligne de chemin de fer ou d'un canal. Pourquoi le sol de cette route ne pourrait-il pas être temporairement occupé par une voie ferrée établie pour les terrassements de ce chemin de fer ou de ce canal? Les autorités compétentes pour ordonner cette modification et cette occupation sont différentes. Mais le principe est le même. Dans un cas comme dans l'autre, c'est au nom de l'utilité publique des travaux entrepris qu'il est porté atteinte à l'état de la route[1].

Donc, en résumé, ce n'est pas en vertu de ses pouvoirs de police,

1. Conseil d'État, 20 mars 1874, *Compagnie de Paris-Lyon-Méditerranée contre ville de Cannes;* — FÉRAUD-GIRAUD, *Des Voies publiques et privées, modifiées, détruites ou créées par suite de l'exécution des chemins de fer;* — circulaire ministérielle du 19 août 1878, n° 30.

mais bien en vertu du droit qui lui appartient, aux termes de la loi, d'autoriser toute occupation temporaire nécessaire à l'exécution de travaux publics, que le préfet a compétence pour donner à un entrepreneur l'autorisation d'établir des rails sur une voie publique. Il en résulte qu'il exerce ce droit, quelle que soit d'ailleurs l'étendue de ses pouvoirs de police sur cette voie, et alors même qu'il s'agit d'un chemin vicinal ordinaire.

49. — La compétence du préfet étant ainsi déterminée, il nous reste à dire dans quelles conditions l'entrepreneur devra installer sa voie ferrée. En général, ces conditions seront fixées par l'arrêté même du préfet. C'est ainsi que, autant que possible, les rails devront être posés sur les accotements de la route, afin de ne pas entraver la circulation sur la chaussée, et au niveau du sol, surtout à l'intersection des chemins.

D'un autre côté, l'entrepreneur devra prendre toutes les mesures prescrites par les règlements de police pour la sûreté de la circulation et la sécurité des personnes.

S'il se sert de locomotives pour la traction de ses wagons, il devra se conformer aux dispositions de la loi du 30 mai 1851 et de l'arrêté ministériel du 20 avril 1866, qui règlent la circulation des locomotives sur les routes.

Enfin, une fois les travaux terminés, il devra remettre, à ses frais, les lieux dans leur état primitif. Il pourra même avoir à payer une indemnité à raison de l'occupation temporaire de la voie publique, sans préjudice des subventions industrielles qui pourront lui être réclamées au cas où sa voie ferrée serait établie sur un chemin vicinal[1].

Ajoutons que, le plus souvent, l'autorisation d'établir, sur un chemin public, une voie ferrée pour le transport des matériaux, ne sera donnée à l'entrepreneur qu'à titre de pure tolérance et avec la faculté pour l'administration de faire disparaître cette voie ferrée lorsqu'elle le jugera utile dans l'intérêt de la circulation. Cette réserve sera surtout stipulée lorsqu'il s'agira d'établir une voie ferrée dans l'intérieur d'une ville, sur une place, sur des quais, ou sur un boulevard. Dans ce cas, l'administration a le droit d'ordonner, même avant la fin des travaux,

---

1. Conseil d'État, 4 juillet 1873, *Compagnie de Paris-Lyon-Méditerranée contre commune de Saint-Cyr ;* — Circulaire du ministre des travaux publics du 10 août 1873, n° 89.

l'enlèvement immédiat de la voie ferrée. L'entrepreneur ne serait pas fondé à réclamer une indemnité à raison de ce fait[1].

VI.

50. — Dans les chapitres qui précèdent, nous avons examiné les conditions dans lesquelles la législation actuelle permet aux industriels d'établir des chemins de fer pour le service de leurs exploitations. Nous avons vu aussi que cette faculté n'a encore fait l'objet d'aucune réglementation. Les conditions de son exercice ne sont pas réglées d'une manière précise. Elles varient suivant les industries et les circonstances, tantôt empruntées à la législation générale des chemins de fer, tantôt prises en dehors, et alors uniquement soumises à l'arbitraire administratif. De là des incertitudes, des formalités, des lenteurs, des difficultés préjudiciables qui sont un obstacle au développement du réseau des chemins de fer industriels. Aussi la nécessité d'une amélioration est-elle depuis longtemps reconnue. Dans quelques pays voisins, cette amélioration a été réalisée. En France, à diverses époques, un mouvement considérable s'est produit, notamment dans l'industrie houillère, pour réclamer des réformes. Mais toutes les tentatives faites jusqu'à ce jour n'ont pu encore aboutir.

51. — *Législations étrangères.* — Certaines législations étrangères, celles entre autres qui avaient adopté les dispositions de la loi française du 21 avril 1810, ont déjà accompli quelques réformes en vue de faciliter l'établissement de chemins de fer industriels.

Belgique. — La loi du 21 avril 1810 sur les mines est restée en vigueur en Belgique comme en France.

La jurisprudence belge, contrairement à la jurisprudence française, reconnaît sans difficulté que les concessionnaires ont le droit, en vertu des articles 43, 44 et 80 de la loi de 1810, d'établir sur le terrain d'autrui, dans le périmètre de la concession, tous les travaux nécessaires à l'exploitation, et que, par conséquent, la construction d'un

---

1. Conseil d'État, 26 juillet 1878, *Redon-Lionnet.*

chemin de fer sur le terrain compris dans ce périmètre est licite, indé-
pendamment de toute intervention du pouvoir législatif ou exécutif.
Cette construction entraîne seulement, pour l'exploitant, l'obligation
d'acquérir les terrains occupés, moyennant une indemnité fixée au
double de leur valeur, conformément aux dispositions de l'article 44
de la loi de 1810 [1].

Mais le texte de la loi de 1810 ne permettait pas d'étendre le bénéfice
de cette jurisprudence à l'établissement de chemins de fer en dehors
des limites de la concession. Cette lacune a été comblée par la loi du
2 mai 1837, qui porte dans son article 12 : « Le Gouvernement, sur la
proposition du conseil des mines, pourra déclarer qu'il y a utilité publique à établir des communications dans l'intérêt d'une exploitation
de mines. La déclaration d'utilité publique sera précédée d'une enquête. Les dispositions de la loi du 17 avril 1835 sur l'expropriation
pour cause d'utilité publique et autres lois sur la matière seront obser-
vées : l'indemnité due au propriétaire sera fixée au double. Lorsque
les biens ou leurs dépendances seront occupés par leurs propriétaires,
les tribunaux pourront prendre cette circonstance en considération
pour la fixation des indemnités. »

Un avis du conseil des mines du 28 juillet 1838 décide que cet article 12 est applicable au cas où, à défaut de communication directe,
le propriétaire d'une exploitation de mines plus ou moins éloignée
d'une route, d'un canal ou d'une rivière, ne peut y transporter ses
produits qu'en faisant un détour plus ou moins considérable ; que les
circonstances seront abandonnées à l'appréciation et à la discrétion du
Gouvernement, suivant l'importance de l'exploitation, des terrains à
exproprier et des avantages que la cause de l'utilité publique peut en
espérer.

Pour édicter la disposition de l'article 12, le législateur belge est
parti de cette idée que l'exploitation des mines est d'intérêt général, et
qu'il y a par conséquent utilité publique à en favoriser le développement par l'établissement de moyens de communication qui, diminuant
les frais de transport, permettront de livrer à plus bas prix le minerai
au consommateur. Il a dès lors considéré que l'établissement des voies
de transport qu'exige le service des exploitations de mines était d'utilité

---

1. Cour de cassation de Belgique, 19 mars 1884. (*Jurisprudence des Cours de Belgique*, 1884, I, 233.)

publique, et que c'était un des cas dans lesquels le Gouvernement, agissant en vertu de la Constitution, pouvait pour ce motif prononcer l'expropriation [1].

Autriche. — La loi du 23 mai 1854, qui établit une législation uniforme pour tous les États autrichiens, proclame le droit exclusif du souverain sur les mines. D'après cette loi, le concessionnaire tient de son acte même de concession le droit de faire, avec le consentement de l'autorité administrative, les chemins de fer qui lui sont nécessaires. (Art. 85 et 131.)

Prusse. — La loi du 24 juin 1865 constitue le code général des mines. L'article 135 comprend les chemins de fer parmi les travaux pour lesquels le concessionnaire peut exproprier les terrains de la surface, moyennant indemnité simple, sous la réserve des terrains couverts d'habitations et de cours murées. (Art. 50, 60, 61.)

Angleterre. — Dans ce pays, les mines ne sont réglementées par aucune loi générale. Elles sont placées sous le régime de l'initiative privée des propriétaires et de la liberté absolue des conventions. Le Gouvernement n'intervient ni pour limiter les concessions, ni pour autoriser ou surveiller les travaux. Il ne s'est guère occupé des mines que dans un intérêt fiscal et pour prescrire des mesures préventives contre les accidents.

Aussi est-ce toujours par voie amiable et sans aucune intervention de l'administration publique, que se règlent les difficultés entre l'exploitant de la mine et le propriétaire dont les terrains doivent être traversés par les chemins d'exploitation demandés. Il est vrai que, au cas où le propriétaire refuse de s'entendre, l'exploitant de la mine a le droit de solliciter un acte du Parlement l'autorisant à ouvrir les passages dont il a besoin pour le transport de ses produits. Mais il est presque sans exemple qu'on ait eu recours à ce moyen, dont l'emploi entraîne des frais trop considérables. L'usage a établi dans chaque district houiller un taux habituel pour la redevance spéciale qui se paie sous forme soit d'un droit de passage de 10 cent. à 15 cent. par tonne, soit d'un droit proportionnel à la surface des terrains occupés, généralement 275 fr. par hectare [2].

52. — *État de la question en France.* — Les sociétés houillères, les

---

1. CHICOUX, *Discussion de la loi de 1837*, p. 318 et 1.
2. DE RUOLZ, *la Question des houilles en France et en Angleterre.*

chambres de commerce des principaux centres miniers, les conseils généraux des départements intéressés, émettent depuis longtemps des vœux pour la révision de la législation des mines.

Cette révision était déjà demandée en 1814 et en 1832. Deux projets de réformes élaborés en 1847 et en 1849 sont restés sans résultat. Ils ne renfermaient aucune disposition relative aux voies de communication.

Pendant les années 1859, 1860 et 1861, un mouvement important se produisit pour réclamer la révision de la législation des mines. On demandait notamment l'insertion dans la loi de 1810 d'une disposition analogue à l'article 12 de la loi belge de 1837, qui règle les conditions d'établissement des chemins de fer de mines.

Dans de nombreuses publications, le *Comité des houillères de France* éleva de vives réclamations. Une de ses demandes les plus pressantes était relative à l'amélioration des moyens de transport destinés à l'industrie minière. Il signalait l'augmentation progressive de la consommation de la houille en France, la richesse de nos bassins houillers, qui pourraient suffire à nos besoins sans avoir recours à l'importation étrangère, et indiquait comme le meilleur moyen, pour arriver à ce résultat, la déclaration d'utilité publique pour tout embranchement de chemin de fer destiné à relier les puits d'extraction aux lignes de chemins de fer ou aux voies navigables [1].

En 1859 et 1860, au Corps législatif, M. Schneider, député de Saône-et-Loire, et M. Ed. Dalloz, député du Jura, se font les interprètes autorisés des industries houillères et métallurgiques [2].

En 1861, M. Ed. Dalloz revient encore sur la question. Il énumère toutes les formalités administratives, telles que enquêtes, conférences avec les différents services, avis, rapports, délais, etc., auxquelles sont assujettis les concessionnaires qui demandent à relier leurs mines par un chemin de fer à une rivière navigable, à un canal, à une grande route ou à une ligne de chemin de fer. Il demande l'organisation d'une procédure plus simple, moins longue et moins coûteuse. Cette réglementation excessive, dit-il, tend à faire de notre législation plutôt un obstacle qu'un instrument de progrès pour le développement de l'activité nationale. Une excellente innovation serait donc la simpli-

---

1. Gobouxin, *les Chemins de fer nécessaires.* — M. Bunat, *Publications annuelles du Comité des houillères de France.*
2. Séances du Corps législatif du 24 mai 1859 et du 14 juillet 1860.

fication de la procédure administrative. Plusieurs des formalités qu'elle prescrit sont d'abord inutiles, au point de vue des garanties réelles qui sont dues à la propriété de la surface. D'un autre côté, le but que se propose le Gouvernement, celui d'être éclairé sur l'utilité de la voie de communication, serait suffisamment atteint au moyen d'une instruction exclusivement faite sur les lieux par les ingénieurs et les autorités locales, sans qu'il fût besoin de faire voyager les dossiers d'affaires aussi peu compliquées de bureau en bureau. Enfin, quant aux délais, ils sont plutôt une fâcheuse concession, faite à l'esprit d'inertie et d'indolence, qu'exigés par les besoins réels de l'instruction administrative [1].

Pour donner satisfaction à ces demandes réitérées, un projet de loi fut préparé au ministère des travaux publics ; mais la section de législation du Conseil d'État émit l'avis qu'il n'y avait pas lieu de l'adopter et il n'y fut pas donné suite.

En 1867 et 1873, dans les rapports du jury international rédigés à la suite des Expositions universelles de Paris et de Vienne, la commission supérieure de France rappelle que les conditions législatives qui régissent l'industrie minérale dans notre pays ne répondent plus aujourd'hui aux besoins de cette industrie [2].

En 1868, M. de Ruolz, chargé par le Gouvernement d'étudier la question des houilles en France et en Angleterre, signale également dans son rapport l'insuffisance actuelle de la législation des mines.

53. — La crise houillère qui sévit après les événements de 1870-1871, remit à l'ordre du jour la révision de cette législation. Le 13 février 1873, une proposition soumise à l'Assemblée nationale demanda qu'une commission de quinze membres fût chargée « de procéder à une enquête parlementaire, à l'effet de constater l'état de l'industrie houillère française et de rechercher les mesures à prendre pour la mettre en état de développer la production en proportion de la consommation ». L'enquête révéla que la rareté et la cherté de la houille devaient être attribuées à des accidents locaux indépendants des circonstances de la production houillère, et notamment à l'insuffisance momentanée du matériel des chemins de fer, l'exploitation des mines

---

1. Séance du Corps législatif du 12 juin 1861. (*Moniteur* du 13 juin.) — E. DALLOZ, *De la Propriété des mines*, I, p. 350. — LAMÉ-FLEURY, *la Question houillère en 1860*. — *Journal des Économistes*. 1860.

2. CH. LUCAS, *Étude sur les voies de communication. Rapport sur l'Exposition de Vienne de 1873*.

ayant conservé la même activité de production. Mais elle constata en outre que le manque de débouchés et l'absence de moyens de transport étaient la cause d'une grande gêne imposée à la production française, au point que, dans ces conditions, un certain nombre de concessions ont été abandonnées ou sont demeurées inexploitées.

M. Ducarre, dans son rapport sur l'enquête, donne en effet la statistique suivante :

Sont inexploitées par suite du manque de débouchés :

14 mines de houille occupant. . 16,000 hectares.

24 mines d'anthracite. . . . . . 8,250 —

28 mines de lignite. . . . . . 8,200 —

Sont demeurées inexploitées, faute de moyens de transport :

10 mines de houille.

7 mines de lignite.

Et M. le rapporteur fait suivre cette statistique de cette observation : « Partout où la mine de houille n'aboutit pas à un canal, à un fleuve ou à la mer, la voie ferrée s'impose comme un moyen d'exploitation obligatoire et absolu. Quatre ou cinq kilomètres de transport par voie de terre grèvent la houille de frais importants, et au delà de douze à quinze kilomètres, il n'y a plus d'exploitation possible [1]. »

Aussi de nombreuses réclamations ont-elles été formulées dans l'enquête. Le *Comité central des houillères françaises*, le *Comité des houilles de la Loire*, la Chambre de commerce de Saint-Étienne, le *Comité des houillères du Pas-de-Calais*, le *Comité des houillères du Nord*, et la *Société de l'industrie minérale* ont été les principaux organes des besoins de l'industrie. Ces divers comités sollicitent surtout la modification des articles 43 et 44 de la loi de 1810, dans un sens plus favorable à l'établissement des voies de communication nécessaires à l'exploitation des mines. Ils émettent généralement le vœu que toute voie de communication, route, canal ou chemin de fer, destinée à relier un siège d'exploitation houillère avec les routes, canaux et chemins de fer déjà existants, soit déclarée d'utilité publique d'une manière générale, de sorte que les terrains nécessaires à l'établissement de ces voies de communication puissent être occupés en vertu d'une

---

1. *Rapport de M. Ducarre*, séance du 28 juillet 1874.

autorisation préfectorale, moyennant une indemnité double et sans qu'il soit besoin de recourir à la déclaration d'utilité publique.

Les intérêts des propriétaires ont été également représentés dans l'enquête. Le *Comité des propriétaires de la Loire*, notamment, a produit devant la commission un mémoire dans lequel il combat certaines prétentions des sociétés houillères. Il ne réclame pas contre une disposition qui permettrait aux concessionnaires l'établissement de voies ferrées dans des conditions analogues à celles de la loi belge. Mais il proteste contre toute disposition qui donnerait aux concessionnaires le droit de s'emparer des terrains nécessaires à la construction de voies ferrées avec la simple autorisation du préfet.

Après cette enquête, la commission parlementaire confia l'examen de la législation des mines à une sous-commission spéciale, composée de MM. de Marcère, Pâris et Jules Brame.

Sur le rapport de M. de Marcère, qui contient quelques développements intéressants sur la question des chemins de fer industriels, la commission d'enquête proposa d'ajouter aux articles 43 et 44 de la loi de 1810 la disposition suivante : « Le Gouvernement, ou, suivant les cas, le préfet, pourra, sur l'avis conforme du conseil des mines, déclarer l'utilité publique de toute voie de communication, route, canal ou chemin de fer, destinée à relier un siége d'exploitation houillère avec les routes, canaux ou chemins de fer déjà existants, et au point le plus rapproché qu'il sera possible du périmètre de la concession. — Ces voies de raccordement seront publiques dans les conditions où elles auront été établies, d'après les cahiers des charges. Les formes suivies, en ce qui concerne la dépossession des terrains et les indemnités à payer par le concessionnaire de la mine, seront : 1° pour les voies de terre, celles qui sont indiquées par les articles 15, 16, 18 et 20 de la loi du 21 mai 1836 pour l'établissement, le redressement ou l'élargissement des chemins vicinaux ; 2° pour les chemins de fer ou canaux, celles qui sont indiquées par la loi de 1841 sur l'expropriation pour cause d'utilité publique. »

54. — Après le dépôt du rapport sur l'enquête parlementaire, M. le ministre des travaux publics nomma une commission dite de *révision de la législation des mines* [1]. M. Dupont, ingénieur en chef des mines,

---

1. Décision du 10 février 1875.

dont la compétence en cette matière est bien connue [1], faisait partie de cette commission. Il fut chargé de rédiger un projet d'ensemble. Il déposa son travail et produisit en même temps un mémoire ayant pour titre : *Développements à l'appui des propositions de modification à la loi du 21 avril 1810.*

La commission ne s'en tint pas au projet de M. Dupont. Elle chargea une sous-commission du soin de rechercher dans quelle mesure il conviendrait de modifier la législation des mines [2].

Enfin, le conseil général des mines fut appelé à donner son avis sur les divers projets dont nous venons de parler et crut devoir lui-même rédiger un projet de modification à la loi de 1810, dans lequel il propose une nouvelle rédaction des articles 43 et 44 en ce qui concerne les conditions d'établissement des voies de communication.

De leur côté, les sociétés houillères ne restèrent pas inactives. Elles firent rédiger des mémoires et préparer des projets par leurs divers comités. Tous ces projets proposent d'insérer dans les articles 43 et 44 de la loi de 1810 des dispositions spéciales aux chemins de fer.

Après un examen aussi complet, trop complet peut-être, il était permis d'espérer que la législation des mines allait enfin recevoir les améliorations réclamées depuis si longtemps par l'industrie houillère et dont l'enquête parlementaire a démontré une fois de plus la nécessité. Mais la dissolution de l'Assemblée nationale est venue ajourner cette réforme [3].

55. — Le fruit de tant de travaux ne pouvait être perdu. La nouvelle législature ne tarda pas à être saisie de la question de la législation des mines, par une proposition de loi émanée de l'initiative parlementaire [4]. Mais la dissolution de la Chambre des députés vint encore ajourner la solution.

Le 17 novembre 1877, M. Pâris, ministre des travaux publics déposa au Sénat un projet de loi portant révision générale de la loi sur les mines [5]. Mais son successeur M. de Freycinet, sur l'avis du Conseil

1. ÉT. DUPONT, *Traité pratique de la Jurisprudence des mines.*
2. Comp. LAUR, *Révision de la législation des mines.*
3. 8 mars 1876.
4. Proposition de loi de M. Brossard, député. Séance du 5 février 1877. (*Journal officiel* du 18 février 1877.) Prise en considération sur le rapport de M. Bousquet à la séance du 23 mars 1877. (*Journal officiel* des 18 et 24 mars 1877.)
5. Annexe 185. *Journal officiel* des 17 et 20 décembre 1877.

d'État, crut devoir proposer une nouvelle rédaction de ce projet à la séance du 21 mai 1878[1].

Le nouveau projet ne modifie que les articles de la loi de 1810 pour lesquels sont depuis longtemps réclamées, avec une certaine unanimité, des réformes d'une véritable importance.

L'une des deux innovations vraiment considérables du projet est relative aux chemins de fer industriels. « Il s'agit, dit l'exposé des motifs, du droit reconnu au Gouvernement de déclarer d'utilité publique, non-seulement ce que l'on appelle les travaux de secours, mais encore les voies de communication nécessaires à une concession de mines, bien qu'elles modifient le relief du sol et même doivent être établies en dehors du périmètre. Les routes et les chemins de fer ne modifiant pas le relief du sol sont compris parmi les objets à propos desquels le concessionnaire est investi de la faculté d'occupation dans l'intérieur du périmètre à lui concédé. Sans doute, la déclaration d'utilité publique s'appliquera à un intérêt privé ; mais il est d'une telle importance, qu'une disposition analogue est inscrite dans toutes les législations étrangères des mines. » C'est en ce sens que le projet modifie les articles 43 et 44 de la loi de 1810 dont la nouvelle rédaction est ainsi conçue : « Art. 43. Le concessionnaire peut être autorisé, par arrêté préfectoral pris après que les propriétaires auront été mis à même de présenter leurs observations, à occuper, dans le périmètre de sa concession, les terrains nécessaires à l'exploitation de sa mine..., à l'établissement des routes ou à celui des chemins de fer ne modifiant pas le relief du sol.

« Si les travaux entrepris par le concessionnaire... ne sont que passagers, et si le sol où ils ont eu lieu peut être mis en culture, au bout d'un an, comme il l'était auparavant, l'indemnité sera réglée à une somme double du produit net du terrain endommagé.

« Lorsque l'occupation ainsi faite prive le propriétaire de la jouissance du sol pendant plus d'une année, ou lorsque, après l'exécution des travaux, les terrains occupés ne sont plus propres à la culture, les propriétaires peuvent exiger du concessionnaire ou de l'explorateur l'acquisition du sol. La pièce de terre trop endommagée ou dégradée sur une trop grande partie de sa surface doit être achetée en totalité si le propriétaire l'exige. Le terrain à acquérir ainsi sera toujours estimé

---

1. Annexe 268. *Journal officiel* du 24 juin 1878.

CHOPPARD.

au double de la valeur qu'il avait avant l'occupation... » — « Art. 44. Un décret rendu en Conseil d'État peut déclarer d'utilité publique les canaux et les chemins de fer modifiant le relief du sol à exécuter dans l'intérieur du périmètre, ainsi que les canaux, les chemins de fer, les routes nécessaires à la mine et les travaux de secours à exécuter en dehors du périmètre. Les voies de communication créées en dehors du périmètre pourront être affectées à l'usage du public, dans les conditions établies par le cahier des charges. Dans le cas prévu par le présent article, les dispositions de la loi du 3 mai 1841, relatives à la dépossession des terrains et au règlement des indemnités, seront appliquées. »

Le projet de M. de Freycinet a été adopté par le Sénat, dans les séances des 31 janvier et 22 février 1879. Il est en ce moment soumis à la Chambre des députés[1]. Et la commission, dont le rapport vient d'être déposé, propose l'adoption des articles précités[2].

Il y a donc lieu d'espérer, qu'après un enfantement aussi long et aussi laborieux, le projet de révision de la loi sur les mines va enfin recevoir une solution définitive.

56. — Ainsi que nous venons de le voir dans l'exposé qui précède, les auteurs des nombreux projets de loi qui se sont succédé pour demander la révision de la législation des mines, n'ont cessé de réclamer des conditions plus favorables pour l'établissement des chemins de fer industriels. Cette préoccupation n'est que le contre-coup du mouvement général qui se manifeste de tous côtés pour le développement et l'amélioration du réseau de nos chemins de fer.

L'économie de la législation actuelle ne répond plus, en effet, aux besoins nouveaux de la circulation, ni à l'application des divers systèmes de voies ferrées. On paraît aujourd'hui d'accord pour reconnaître la nécessité d'établir des règles spéciales à chaque espèce de chemin de fer.

Déjà la loi du 12 juillet 1865 a créé une législation particulière pour les chemins de fer d'intérêt local. D'un autre côté, le Gouvernement s'est préoccupé de la question des tramways et des chemins de fer pouvant être établis sur les routes et a déposé des projets de loi qui

1. Rapport de M. Pâris au Sénat. *Journal officiel* des 30 janvier et 1er février 1879, annexe 559. Dépôt du projet de loi à la Chambre des députés. Séance du 17 mars 1879. *Journal officiel* du 8 avril 1879, annexe 1252.
2. Rapport de M. Brossard, déposé à la séance du 19 février 1880, annexe 2309.

sont en ce moment à l'étude[1]. Quant aux chemins de fer industriels, il n'y a pas lieu assurément de s'étonner qu'ils n'aient pas encore fait l'objet d'un projet de loi spécial. Mais depuis longtemps l'industrie houillère qui, plus que toute autre industrie, fait usage de ces chemins de fer, signale l'insuffisance de leur réglementation. Aussi les divers projets de révision de la loi sur les mines contiennent-ils des dispositions ayant pour objet de faciliter l'établissement des chemins de fer industriels.

Pour justifier ces dispositions nouvelles, on a cité l'exemple de certaines législations étrangères et surtout celui de la législation belge. Notamment à une certaine époque, on a vivement réclamé en France l'insertion dans la loi de 1810 d'une disposition analogue à celle de l'article 12 de la loi belge de 1837[2], qui donne au Gouvernement la faculté de déclarer d'utilité publique les voies de communication nécessaires à une exploitation de mines. M. Lamé-Fleury a fait remarquer, avec juste raison, que la loi belge ne réalisait qu'une bien faible amélioration comparativement à la loi française. Il ne s'agit pas, en effet, dans l'article 12 de la loi de 1837 d'une simple permission administrative d'établir un chemin de fer comme un chemin de charroi ordinaire, mais bien d'un décret du Gouvernement qui déclare l'utilité publique sur la proposition du conseil des mines et après enquête. Or, en France, la loi du 3 mai 1841 sur l'expropriation pour cause d'utilité publique donne le même droit au Gouvernement, et un certain nombre de chemins de fer industriels ont été déclarés d'utilité publique en vertu de cette loi[3]. Bien plus, les concessionnaires, se trouvant sous l'empire du droit commun en matière d'expropriation, n'ont à payer aux expropriés que l'indemnité simple, tandis que, si on adoptait la loi belge, ils auraient à payer l'indemnité réglée au double de la valeur des terrains occupés[4].

57. — Quant aux systèmes proposés dans les divers projets de révision de la législation des mines, on peut, sauf certaines différences de détail, les ramener à deux.

D'après le premier, qui est plus particulièrement proposé par les comités des sociétés houillères, tout embranchement de chemin de

1. Voir *suprà*, nº 45.
2. Voir *suprà*, nº 51.
3. Voir *suprà*, nº 24.
4. M. Lamé-Fleury, *Journal des Économistes,* 1860, p. 64-271.

fer destiné à relier les puits d'extraction aux voies de transport économiques déjà établies serait de droit déclaré d'utilité publique. L'occupation des terrains aurait lieu en vertu d'une simple autorisation préfectorale avec indemnité au double.

Une pareille disposition serait assurément trop absolue et n'offrirait pas aux propriétaires suffisamment de garanties contre les envahissements des sociétés puissantes, contre les influences locales et l'arbitraire administratif. Nous avons déjà eu l'occasion de montrer que si la simple formalité d'une autorisation préfectorale suffisait pour une occupation temporaire dans les conditions prévues pour les travaux de mines par les articles 43 et 44 de la loi de 1810, elle était peut-être incompatible avec le caractère permanent et les conditions matérielles d'un chemin de fer. On peut également signaler le danger qu'il pourrait y avoir dans certains bassins houillers à laisser établir par de simples arrêtés préfectoraux des chemins de fer industriels qui, combinés de façon à pouvoir se souder les uns aux autres, arriveraient à un moment donné, par suite d'une entente entre les exploitants, à créer une concurrence fatale aux compagnies de chemins de fer d'intérêt local. D'un autre côté, il y a lieu de faire sur ce système la même remarque que nous avons faite sur la loi belge. Pour les chemins de fer établis en dehors de leur concession, les concessionnaires auraient à payer une indemnité double pour les terrains occupés, tandis qu'actuellement, en observant les formalités de la loi de 1841 sur l'expropriation pour cause d'utilité publique, ils n'ont à payer qu'une simple indemnité.

58. — Le second système, plus spécialement proposé par les projets parlementaires, peut se formuler ainsi : Dans le périmètre de la concession, un chemin de fer pourrait être établi en vertu d'une autorisation préfectorale sur l'avis de l'administration des mines, et l'indemnité pour occupation de terrains serait réglée au double conformément aux articles 43 et 44 de la loi de 1810. — Les chemins de fer sortant du périmètre concédé et destinés au service d'une mine seraient déclarés d'utilité publique par le Gouvernement dans les formes et conditions fixées par la loi du 3 mai 1841.

Nous ferons sur ce système quelques observations :

D'abord tout le monde est d'accord pour reconnaître la nécessité de rendre plus facile l'établissement de chemins de fer dans le périmètre de concession d'une mine. L'application aux chemins de fer des articles 43 et 44 de la loi de 1810 produirait assurément ce résultat, tout en donnant satisfaction aux vœux si souvent émis par les sociétés houillères. Toutefois, il convient de faire certaines réserves en ce qui concerne les chemins de fer qui ne peuvent être exécutés sans modifier le relief du sol [1].

Quant aux chemins de fer sortant du périmètre concédé, est-il bien besoin de dire qu'ils seront déclarés d'utilité publique par le Gouvernement dans les formes et conditions fixées par la loi du 3 mai 1841? Cette disposition constitue-t-elle une véritable innovation? Dans l'état actuel de la législation, les concessionnaires de mines n'ont-ils pas la faculté d'obtenir dans les conditions de la loi de 1841 l'autorisation d'établir un chemin de fer? La pratique fournit de nombreux exemples de concessions de chemins de fer industriels déclarés d'utilité publique dans ces conditions. Dans un chapitre précédent, nous avons nous-même exposé les règles applicables à ces sortes de concessions. Dès lors, en quoi consiste donc l'amélioration que l'on veut réaliser par la disposition qui nous occupe? Dira-t-on qu'elle consiste dans le pouvoir donné au Gouvernement de déclarer l'utilité publique d'un chemin de fer de mines quelle qu'en soit l'étendue, tandis que d'après la loi de 1841, il n'a ce pouvoir que pour les chemins de fer d'embranchement de moins de 20 kilomètres et que dans tout autre cas une loi est nécessaire? Il faut avouer que cette amélioration serait bien minime, car les chemins de fer d'embranchement établis pour le service des mines auront rarement plus de 20 kilomètres. Quant aux autres, il importe peu que leur utilité publique soit déclarée par un décret plutôt que par une loi.

L'amélioration qu'il importe surtout de réaliser, c'est de simplifier la procédure administrative de la déclaration d'utilité publique; c'est de faire table rase, dans la mesure que comportent les intérêts en jeu, de toutes ces enquêtes, de tous ces avis, de toutes ces formalités auxquelles les demandes sont assujetties, passant des mains de l'administration locale à celles de l'administration centrale, où, suivant la filière obligée, elles sont transmises de bureaux en bureaux et de services en services. Qu'on relise l'historique que nous avons donné des divers projets de réformes, et on verra que c'est cette instruction administrative longue et dispendieuse qui fait l'objet de toutes les plaintes,

---

1. Projet de M. Freycinet. Voir *suprà*, n° 55.

de toutes les réclamations. Or, les divers projets de loi ne proposent à cet égard aucune amélioration. Nous avons donc raison de dire que les dispositions consacrées par ces projets aux chemins de fer industriels ne réalisent qu'une amélioration insignifiante et ne répondent pas aux besoins qui les ont provoquées.

Mais ce n'est pas tout; ces dispositions sont en outre insuffisantes. Insérées dans le texte d'une loi sur les mines, elles ne favorisent l'établissement des chemins de fer industriels qu'au profit presque exclusif de l'industrie houillère, alors qu'il n'y a pas de raison pour refuser les mêmes facilités à d'autres industries non moins dignes d'intérêt.

En outre, on ne s'est préoccupé que des chemins de fer à établir sur des propriétés privées. Ne pourrait-on pas aussi réglementer l'établissement des chemins de fer industriels sur les voies publiques?

Enfin, il n'est question que des formes et des conditions de l'autorisation ou de la déclaration d'utilité publique de ces chemins. Et cependant, leur établissement, leur exploitation et leur police comportent également certaines règles particulières dont la pratique a révélé la nécessité et qu'il serait utile de consacrer par des dispositions précises.

59. — Que conclure de toutes ces considérations, si ce n'est qu'en présence des progrès de l'industrie et du développement des voies ferrées, les chemins de fer industriels ont besoin d'une réglementation plus complète, mieux définie, qu'une loi spéciale peut seule leur donner. Comme pour les chemins de fer d'intérêt local, comme pour les tramways, une loi sur les chemins de fer industriels nous paraît donc nécessaire [1]. Sans doute, une loi générale sur les chemins de fer serait préférable à toutes ces lois partielles qui, créées dans des conditions différentes de temps et d'idées, manquent trop souvent entre elles de l'harmonie indispensable à toute bonne législation. Mais en

1. Dans la discussion au Sénat du projet de loi sur les chemins de fer d'intérêt local, plusieurs membres de la commission ont demandé si à l'occasion de la loi sur les chemins de fer d'intérêt local, il n'y aurait pas lieu de réglementer les chemins de fer industriels. Une proposition de loi due à l'initiative parlementaire a même demandé que la concession d'un chemin de fer industriel ne pût être faite que par une loi. Mais sur la déclaration de M. le ministre des travaux publics que la question des chemins de fer industriels serait examinée à l'occasion du projet de loi sur les mines, la commission a décidé qu'il n'y avait pas lieu de s'en occu-

attendant ce progrès, qu'il serait désirable de voir se réaliser dans toutes les branches de la législation française, une loi spéciale pourrait utilement intervenir sur les chemins de fer industriels, autant pour réunir en un tout homogène certaines dispositions éparses dans d'autres lois que pour consacrer les réformes exigées par les besoins de l'industrie.

per. (Rapport de M. Émile Labiche, sénateur. *Journal officiel*, 8 déc. 1878, p. 11,622, annexe 420.)

Il ne serait pas impossible que cette proposition de réglementer les chemins de fer industriels en même temps que les chemins de fer d'intérêt local fût reprise devant la Chambre des députés. Déjà les projets sur les chemins de fer d'intérêt local et sur les voies ferrées à établir sur les routes ont été réunis en un seul. (V. rapport de M. René Brice. *Journ. offic.*, 1879, p. 3,365, annexe 1694.)

TABLE DES MATIÈRES.

Nancy, imp. Berger-Levrault et C·e.

42